V&R

Handlungskompetenz im Ausland

herausgegeben von
Alexander Thomas, Universität Regensburg

Vandenhoeck & Ruprecht

Claude-Hélène Mayer
Christian Boness
Alexander Thomas

Beruflich in Kenia und Tansania

Trainingsprogramm für Manager, Fach- und Führungskräfte

Vandenhoeck & Ruprecht

Die Cartoons hat Jörg Plannerer gezeichnet.

Bibliografische Information Der Deutschen Bibliothek

Die Deutsche Bibliothek verzeichnet diese Publikation in der Deutschen Nationalbibliografie; detaillierte bibliografische Daten sind im Internet über <http://dnb.ddb.de> abrufbar.

ISBN 3-525-49054-2

© 2003 Vandenhoeck & Ruprecht, Göttingen
www.vandenhoeck-ruprecht.de
Printed in Germany. – Das Werk einschließlich aller seiner Teile ist urheberrechtlich geschützt. Jede Verwendung außerhalb der engen Grenzen des Urheberrechtsgesetzes ist ohne Zustimmung des Verlages unzulässig und strafbar. Das gilt insbesondere für Vervielfältigungen, Übersetzungen, Mikroverfilmungen und die Einspeicherung und Verarbeitung in elektronischen Systemen.
Satz: Satzspiegel, Nörten-Hardenberg
Druck- und Bindearbeiten: Hubert & Co., Göttingen

Inhalt

Vorwort 7

Einführung in das Training 9

Themenbereich 1: Personalmanagement 13
Beispiel 1: Flexibler Dienstplan 13
Beispiel 2: Arbeitsverweigerung auf dem Bau 16
Beispiel 3: Lehren und Lernen 20

Themenbereich 2: Projektmanagement 25
Beispiel 4: Wer darf eine Fortbildung besuchen? 25
Beispiel 5: Zugangsmöglichkeiten 29
Beispiel 6: Lokales Wissen in der
Entwicklungszusammenarbeit 32

Kulturelle Hintergründe zu Personal- und
Projektmanagement 36

Themenbereich 3: Kooperation 43
Beispiel 7: Pflichtbewusstsein 43
Beispiel 8: Geschlechterrollen 46
Beispiel 9: Fernbleiben vom Arbeitsplatz 49
Beispiel 10: Verteilung von Hilfsgütern 53

Kulturelle Hintergründe zu Kooperation und
Geschlechterrollen 56

Themenbereich 4: Partizipation 59
Beispiel 11: Soziales Engagement am Arbeitsplatz 59
Beispiel 12: Entscheidungen treffen 62
Beispiel 13: Eine Konferenz vorbereiten 66

Kulturelle Hintergründe zu Partizipation 69

Themenbereich 5: Motivation 75
Beispiel 14: Umgang mit Gehaltsforderungen 75
Beispiel 15: Was tun mit streikendem Personal? 79
Beispiel 16: Implementierung von Ideen 83

Themenbereich 6: Vereinbarungen 89
Beispiel 17: Erziehungsmaßnahmen 89
Beispiel 18: Werkzeuge ausleihen 92

Themenbereich 7: Kommunikation 97
Beispiel 19: Beschwerde führen 97
Beispiel 20: Kontaktaufnahme 101

Kulturelle Hintergründe zu Kommunikation 104

Themenbereich 8: Gastfreundschaft 107
Beispiel 21: Einladungen 107
Beispiel 22: Unterkunftstandards für Mitarbeiter 110
Beispiel 23: Tischmanieren 113

Themenbereich 9: Religion 119
Beispiel 24: Trauer 119

Kulturelle Hintergründe zu Wirtschaft und Religion 122

Themenbereich 10: Verhalten in Alltagssituationen . . 127
Beispiel 25: Angemessene Kleidung 127
Beispiel 26: Reziprokes Handeln 131

Kulturelle Hintergründe: Alltag im Spiegel von
Suaheli-Sprichwörtern 134

Kulturelle Exkurse 137
Nationale Stereotype 137
Macht und Herrschaft 139
Privatsphäre und Öffentlichkeit 140
Personen in Zeit und Raum 143

Praktische Hinweise für Führungskräfte 149

Literaturhinweise 152

■ Vorwort

»Mchoyo hapati zaidi.« – »Derjenige, der etwas in der geschlossenen Hand versteckt, kann nicht mehr bekommen« besagt ein altes Suaheli-Sprichwort. Nur diese drei kurzen Worte weisen den Weg zum guten Gelingen auf allen Ebenen der Kommunikation: Denn sie beinhalten die Botschaft, dass eine Person sich mit ihren Ressourcen, Fähigkeiten und Möglichkeiten einbringt, ohne unmittelbar zu erwarten, dass etwas zurückkommt. Das Erstaunliche ist, dass sich im wirtschaftlichen Bereich Aktionsfelder eröffnen, die Gewinnbringendes in Aussicht stellen, wenn man sich an dieser idiomatischen Grundauffassung in Ostafrika orientiert.

In Ostafrika ist eine Kultur sehr weit verbreitet: die Suaheli-Kultur. Kernländer der Suaheli-Kultur sind zu allererst Tansania, aber auch Kenia. Es folgt eine Gruppe anderer Regionen in denen die Suaheli-Kultur über Sprache und Kulturstandards verbreitet ist, nämlich Uganda, Nordmalawi, Ruanda, Burundi, Nordmosambik und Ost-Kongo. Die ursprüngliche und stärkste Ausprägung der Suaheli-Kultur findet sich insbesondere in den Küstengebieten von Lamu bis Lindi. Bis in die Sechzigerjahre des vorigen Jahrhunderts hatten Kenia und Tansania eine gemeinsame Verwaltung unter britischem Mandat, bis sie dann getrennt in die Unabhängigkeit gingen. Auch heute gibt es große Bemühungen, Kenia, Uganda und Tansania zu einer gemeinsamen Wirtschaftsregion zu verschmelzen und Ostafrika als eigenständigen Wirtschaftsraum gegenüber dem übrigen subsaharischen Afrika zu behaupten und auszubauen.

Wir haben uns deshalb auf Kenia und Tansania konzentriert, weil wir dort die Schwerpunkte unserer mehrjährigen Forschung gelegt haben. Während dieser Forschungsaufenthalte hat sich ein

Netzwerk aus tansanischen und kenianischen Mitarbeitern gebildet, die zu den einzelnen Fragen und Problemen zwischen Ostafrikanern und Europäern spezifische, aber auch generalisierende Beiträge geleistet haben.

Daher möchten wir an dieser Stelle all denen danken, die zum Gelingen dieses Trainingsprogramms beigetragen haben. Vor allem sprechen wir unseren Dank den zahlreichen deutschen, tansanischen und kenianischen Interviewpartnern aus Wirtschaft, Entwicklungszusammenarbeit, Kirche und Bildung aus, die substanzielle Beiträge zu den Trainingsmaterialien geleistet haben. In die Welt der Suaheli-Kultur hat uns insbesondere Mr. Kussaga vom Ministry of Education and Culture in Dar-Es-Salaam eingeführt. Für die intensive Mitarbeit im Netzwerk bedanken wir uns herzlich bei Mrs. Kasanga von der nationalen UNESCO-Kommission und bei Mrs. Busanya, Leiterin im Institut für Didaktik der Universität Dar-Es-Salaam. Sodann erinnern wir uns an wertvolle Gespräche, die wir in Nairobi mit Experten der UNEP und mit Fachkräften aus Niederlassungen deutscher Unternehmen geführt haben. Schließlich möchten wir ausdrücklich die freundliche logistische wie inhaltliche Kooperation von Mitarbeitern der Gesellschaft für Technische Zusammenarbeit (GTZ) erwähnen, die uns an ihrem Erfahrungsschatz in der wirtschaftlichen Projektzusammenarbeit haben teilnehmen lassen.

Claude-Hélène Mayer
Christian Boness
Alexander Thomas

■ Einführung in das Training

Was denken Sie, wenn Sie eine Diskussion anberaumt haben und keiner der afrikanischen Teilnehmer diskutiert mit? Wie fühlen Sie sich, wenn sich ihre Kollegen an eine gemeinsam getroffene Entscheidung nicht halten? Wie verhalten Sie sich, wenn ein Familienangehöriger eines Mitarbeiters stirbt und die Hälfte des Abteilungsbelegschaft zu der mehrtägigen Beerdigungsfeier geht?

Auf diese und ähnliche Fragen und Situationen müssen Sie sich einstellen, wenn Sie als Manager, Fach- oder Führungskraft in Kenia oder Tansania eine unternehmerische Herausforderung annehmen oder in der Entwicklungszusammenarbeit Ihre Aufgabe erfüllen wollen. Es liegt in Ihrem Interesse, dass Sie einen guten Start in Ihrem neuen Arbeitsfeld finden und auch zufrieden stellende Kontakte zu Ihren Partnern und Mitarbeitern von Anfang an knüpfen können.

Jede Kultur – so auch die in Ostafrika verbreitete Suaheli-Kultur – hält für Angehörige anderer Kulturen allerlei »Fettnäpfchen« bereit, auf die man vorbereitet sein muss. Arbeitserfolg werden Sie nur dann auf den verschiedenen Ebenen Ihres Wirkens haben, wenn Sie wissen, wie unternehmerische Entscheidungsprozesse laufen, unter welchen Bedingungen Unternehmensziele erreicht werden können, welche kulturspezifischen Besonderheiten berücksichtigt werden müssen, um in effektive Kooperation mit den Mitarbeitern zu treten. Sie sollten wissen, welche Hintergründe wirksam werden, wenn Sie Mitarbeiter einstellen oder entlassen wollen.

Wir haben für Sie Trainingseinheiten mit Situationen zusammengestellt, die die angesprochenen Themen behandeln. Grundlage für die hier dargestellten 26 Begegnungssituationen ist ein in den Jahren 1999 bis 2001 am Institut für interkulturelle Didaktik der Universität Göttingen durchgeführtes Forschungsprojekt, in dem unter anderem tansanische und deutsche Fach- und Führungskräfte über kritische Begegnungssituationen zwischen Tansaniern und Deutschen befragt worden sind (Boness 2002). Die Namen von Personen, Orte und Organisationen, die in den einzelnen Situationen genannt werden, sind frei erfunden. Gleichzeitig sind sie aber auch für jede Situation typisch, also in einem mittleren Grad verallgemeinerungsfähig.

Die 10 Trainingseinheiten beschreiben relevante Handlungsfelder für Fach- und Führungskräfte und sind in Anlehnung an das Modell der *Culture-Assimilator-Methode* formuliert worden: Diese bewährte Methode findet seit über 20 Jahren auch in Deutschland Anwendung und ist auf Personen zugeschnitten, die vorhaben, in eine fremde Kultur zu gehen und dort zu arbeiten.

Jede Trainingseinheit enthält kleine Geschichten, die eine Begegnung zwischen Deutschen und Ostafrikanern wiedergeben. Alle Geschichten zeichnen sich durch Irritationen aus, die auf Seiten der deutschen Partner entstehen, aber gleichzeitig nicht in ihrer Tiefe erfasst werden. Da die *Culture-Assimilator-Methode* Teil eines Selbstlernprogrammes ist, wird im Anschluss an die jeweilige Begegnungssituation eine Leitfrage genannt, der drei Erklärungsalternativen folgen (Deutungen). Sie sind dabei aufgefordert, diese Alternativen (a–c) hinsichtlich ihrer Plausibilität auf einer Skala einzuschätzen. Im Folgenden erhalten Sie dann Erläuterungen (Bedeutungen) zu den Erklärungsalternativen, die Kenntnisse zum vertiefenden Verstehen der konkreten Situation vermitteln sollen. Bei einigen der Trainingseinheiten (Themenbereiche) finden Sie anschließend vertiefende Ausführungen zu kulturellen Hintergründen.

In einem weiteren Kapitel wollen wir Ihnen wichtige Koordinaten der Suaheli-Kultur in Form von Exkursen darlegen, die für Ihre Tätigkeit relevante kulturelle Orientierungen darstellen, wie zum Beispiel über »nationale Stereotype«, »Privatsphäre und Öffentlichkeit«, »Macht und Herrschaft«, »Personen in Zeit und Raum«.

Der Band schließt mit praktischen Hinweisen für deutsche Führungskräfte in Kenia und Tansania. Wir sind uns sicher, dass es Ihnen mit Hilfe des Trainingsprogramms gelingen wird, Ihre

Handlungskompetenz für einen beruflichen Einsatz gerade über die kognitive Auseinandersetzung mit den kulturellen Spezifika Kenias und Tansanias verbessern zu können und damit gut auf Begegnungen mit einheimischen Mitarbeitern und Geschäftspartnern vorbereitet zu sein.

Wir wünschen Ihnen viel Freude und Erfolg bei der Bearbeitung der Trainingseinheiten!

Themenbereich 1: Personalmanagement

Beispiel 1: Flexibler Dienstplan

Situation

Dr. Justus Hunke, langjähriger Leiter einer gynäkologischen Station am Universitätsklinikum einer deutschen Großstadt, wird an das Hospital von Litembo, einem kleinen Ort im südlichen Hochland Tansanias, entsandt. Jeden Tag müssen dort Notoperationen vorbereitet und durchgeführt werden. Auch an diesem Tag ist ärztlicherseits ein Eingriff anberaumt worden. Die präoperative Phase läuft wie geplant. Doch als Dr. Hunke um 11.00 Uhr den Operationssaal betritt, findet er außer der Patientin, die auf den Kaiserschnitt wartet, niemanden vor. Die sonst sehr verlässliche Anästhesistin ist nirgendwo zu sehen. Die Zeit drängt, der Patientin geht es zunehmend schlechter. Es besteht die Gefahr, dass das Leben des Kindes akut gefährdet ist. Die Anästhesistin wird von Dr. Hunke in lautem und vorwurfsvollem Ton herbeizitiert und vor dem eilig herbeigelaufenen Stationsteam nach dem Grund ihrer Abwesenheit gefragt. Flüsternd erklärt sie, dass zur gleichen Zeit, in der die Operation anberaumt war, ein kostenloses Frühstück mit Tee und Fettkrapfen im Hospital angeboten werde, und dass sie daran teilgenommen habe, weil sie schon hungrig aus ihrem Dorf kommend, den Frühdienst angetreten habe. Die Schwestern vom Dienst, der Hospitalleiter und der deutsche Chirurg sind ratlos. Sie ziehen sich zu einer Besprechung zurück.

Vor allen Mitarbeitern des Hospitals muss sich die Anästhesistin vor Dr. Hunke hinknien und um Entschuldigung bitten. Der Arzt ist tief beschämt. Die Operation beginnt mit entsprechender Verspätung.

Was hätte Dr. Hunke in Erwägung ziehen müssen, um eine solche für alle Beteiligten beschämende Situation zu vermeiden?

- Lesen Sie nun die Antwortalternativen nacheinander durch.
- Bestimmen Sie den Erklärungswert jeder Antwortalternative für die gegebene Situation und kreuzen Sie ihn auf der darunter befindlichen Skala entsprechend an. Es ist möglich, dass mehrere Antwortalternativen den gleichen Erklärungswert besitzen.

■ Deutungen

a) Dr. Hunke hätte bedenken müssen, dass mehr Geduld von seiner Seite die Situation wesentlich entschärft hätte. Die meisten Tansanier kommen später als ausgemacht.

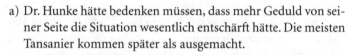

sehr zutreffend — eher zutreffend — eher nicht zutreffend — nicht zutreffend

b) Wenn Dr. Hunke das OP-Team in seine Planung besser eingebunden hätte, wäre ihm auch bekannt geworden, dass seine zeitliche Anberaumung der Operation ungünstig war.

sehr zutreffend — eher zutreffend — eher nicht zutreffend — nicht zutreffend

c) Dr. Hunke hätte sich genauer mit den kulturellen Orientierungen hinsichtlich Krankheit und Tod auseinandersetzen müssen.

sehr zutreffend — eher zutreffend — eher nicht zutreffend — nicht zutreffend

- Versuchen Sie, Ihre Einstufung jeder Antwortalternative zu begründen. Halten Sie die Begründung in schriftlicher Form stichpunktartig fest.
- Lesen Sie nun die Erläuterungen zu jeder Antwortalternative durch und vergleichen diese mit Ihren eigenen Begründungen.

Bedeutungen

Erläuterung zu a):
Dr Hunke ist ein von der tansanischen Seite angeforderter und hoch angesehener Facharzt für Geburtshilfe. Er kennt die Bedingungen, unter denen Notfalloperationen durchgeführt werden müssen. Doch in dieser Situation steht er besonders unter Druck. Mehr Geduld zu zeigen wäre für ihn ein Verhalten, das die aktuelle Situation teilweise entschärfen könnte. Er vermutet allerdings hinter dem Verhalten des tansanischen Operationsteams ein Stück Leichtfertigkeit im Umgang mit zeitlichen Vereinbarungen und Gleichgültigkeit gegenüber der gefährdeten Patientin. Damit nimmt Herr Hunke eine vorschnelle Beurteilung vor, die unberechtigt ist, weil sie zwar seinem Werte- und Ehrenkodex als Arzt entspricht, nicht aber dem, was in der Situation zu beobachten ist. Viele Ostafrikaner empfinden es als unpassendes Verhalten, wenn Deutsche ungehalten auf eine Stress-Situation reagieren, ohne nach den Ursachen zu fragen. In dieser Situation *macht* Dr. Hunke Stress. Die Situation erleben die beteiligten Tansanier jedoch anders. Auch die Frage der zeitlichen Verpflichtung wird von Dr. Hunke mit einem unzutreffenden Klischee bewertet, dass allenthalben mit Verspätungen zu rechnen sei. Aber in Tansania ist Zeit nicht gleich Uhrzeit, es sei denn, sie deckt sich mit dem in der Suaheli-Kultur vorherrschenden Konzept der *qualitativen* Zeit, die für die Beteiligten als mit Bedeutung gefüllt erlebt wird (vgl. unter »Kulturelle Exkurse«).

Erläuterung zu b):
Zwar ist Herr Dr. Hunke bestens vertraut mit den Dienstplänen in seinem Hospital. Er schätzt auch die Tüchtigkeit und Verlässlichkeit seiner Mitarbeiter. Sein paternalistischer Führungsstil und sein Fachwissen werden von Krankenschwestern wie Ärzten hoch geschätzt. Und doch ist Herrn Dr. Hunke ein entscheidendes Versäumnis unterlaufen, das die Situation für ihn und die Betroffenen so unangenehm macht: Der deutsche Arzt hat in seiner Arbeit der Sorge um die Gesundheit der Patientinnen einen höheren Rang zugeordnet als dem sozialen Netzwerk im Hospital. So ist ihm entgangen, dass das Hospital für die Mitarbeiter

ein Frühstück bereitstellt, die einen weiteren Weg zur Arbeit haben und aus ärmlichen Familienverhältnissen kommen. Bei dieser Gelegenheit eines *social gathering* während der Arbeitszeit tauschen sich die Mitarbeiter aus und stärken sich für die anstrengende Arbeit mit den Patienten. Mit dem Gefühl von *togetherness*, einer Form gemeinschaftlicher Selbstvergewisserung, fühlen sich die Mitarbeiter in ihren sozialen Bedürfnissen befriedigt und geborgen. Hätte der deutsche Arzt dem Rechnung getragen, wäre wahrscheinlich auch seine operative Planung so ausgefallen, dass sie in Einklang mit den sozialen Bedürfnissen der tansanischen Belegschaft gestanden hätte und eine solch irritierende Situation für die Beteiligten nicht aufgetreten wäre.

Erläuterung zu c):
Sicherlich wäre Dr. Hunke gut beraten, wenn er sich ein Mehr an Suaheli-Kulturwissen über die Auffassungen von Geburt, Krankheit und Tod angeeignet hätte. Hätte er gewusst, dass die Patientin ihre Notlage als von vitalen Kräften bestimmt betrachtet und weniger als gefährliche, durch einen operativen Eingriff zu beseitigende körperliche Insuffizienz, dann hätte er die für ihn unglücklichen Umstände mit größerer Gelassenheit nehmen können. Außerdem hätte er Krankheit und Tod eher als einen sozial-spirituellen Übergang gedeutet, für den es zahlreiche traditionelle Rituale gibt. Denn die meisten Menschen sind in Tansania davon überzeugt, dass die westliche Medizin nur eine – wenngleich geschätzte – Ergänzung der anerkannten Praktiken der lokalen Medizin-Spezialisten (sw. Mganga) ist.

■ Beispiel 2: Arbeitsverweigerung auf dem Bau

■ Situation

In Arusha steht ein Erweiterungsbau für die Sekundarschule vor der Vollendung, da sich die Anmeldungen zu dieser privaten Schule in den letzten beiden Jahren um 30 % erhöht haben. Großzügige Finanzmittel aus Deutschland haben es ermöglicht, den Bau von weiteren Klassenräumen und einer neuen Studienbibliothek zu errichten. Das zentrale Büro der Lutherischen Kirche in Tansania (ELCT) wird angefragt, ob nicht der deutsche Architekt, Herr Bartelt, die Aufgabe des Bauleiters übernehmen könne. Da auch die aussendende Institution keinen Einwand erhebt, Herrn Bartelt zu diesem Zweck abzuordnen, bekommt der deutsche Architekt drei Monate Zeit, die Bauvorhaben durchzuführen. Jedoch gehen die Arbeiten nicht so zügig voran wie geplant. Dazu kommt, dass einer der tansanischen Bauarbeiter beginnt, seine Arbeit einzustellen. Damit erregt er den Unmut des deutschen Bauleiters. Der Arbeiter wird von ihm zunächst verwarnt, ändert aber auch am folgenden Tag sein Arbeitsverhalten in keiner Weise. Beschimpfungen vonseiten des Bauleiters verärgern den Tansanier. Herr Bartelt steht terminlich stark unter Druck, und es kommt nach scharfen, beleidigenden Wortwechseln zu Handgreiflichkeiten. Die umstehenden Beschäftigten sind entsetzt: Sie greifen ein, um den Konflikt beizulegen. Einige Tage noch arbeitet der Tansanier auf der Baustelle, dann wird er entlassen.

Was erwarten die tansanischen Arbeiter von dem deutschen Bauleiter während der Streiksituation?

– Lesen Sie nun die Antwortalternativen nacheinander durch.
– Bestimmen Sie den Erklärungswert jeder Antwortalternative für die gegebene Situation und kreuzen Sie ihn auf der darunter befindlichen Skala entsprechend an. Es ist möglich, dass mehrere Antwortalternativen den gleichen Erklärungswert besitzen.

■ Deutungen

a) Die Tansanier erwarten, dass Herr Bartelt sofort durchgreift, weil das von seiner Position her angemessen und für das Gelingen des Bauvorhabens notwendig ist.

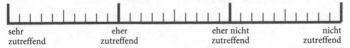

| sehr zutreffend | eher zutreffend | eher nicht zutreffend | nicht zutreffend |

b) Die Mitarbeiter erwarten, dass er auch bei Arbeitsverweigerung keine Verwarnung ausspricht.

| sehr | eher | eher nicht | nicht |
| zutreffend | zutreffend | zutreffend | zutreffend |

c) Sie erwarten, dass der Bauleiter trotz vermeidlichen Zeitdrucks anders mit den tansanischen Mitarbeitern umgeht.

| sehr | eher | eher nicht | nicht |
| zutreffend | zutreffend | zutreffend | zutreffend |

– Versuchen Sie, Ihre Einstufung jeder Antwortalternative zu begründen. Halten Sie die Begründung in schriftlicher Form stichpunktartig fest.
– Lesen Sie nun die Erläuterungen zu jeder Antwortalternative durch und vergleichen diese mit Ihren eigenen Begründungen.

■ Bedeutungen

Erläuterung zu a):
Dass der Bauleiter unter Zeitdruck durchgreift, ist verständlich, will er doch verhindern, dass sich die anderen tansanischen Bauarbeiter der Arbeitsverweigerung anschließen. Das Gelingen des gesamten Bauvorhabens steht schließlich auf dem Spiel. Sein Handlungsmotiv, gleich zu Beginn der Arbeitsniederlegung einzuschreiten, steht allerdings in starkem Gegensatz zu den Erwartungen der Arbeiter, die eine gute Kooperation mit dem Bauleiter aufrecht erhalten wollen. Denn es ist das gemeinsame Ziel, das Bauvorhaben innerhalb eines bestimmten Zeitrahmens zu beenden. Und dies ist nicht möglich auf der Basis von öffentlicher Verwarnung und körperlichen Auseinandersetzungen. Die Arbeiter erwarten vielmehr, dass der Architekt sich in persönlichem Gespräch nach den Motiven und Gründen der Arbeitsverweigerung erkundigt.

Erläuterung zu b):
Eine Verwarnung ist grundsätzlich bei Arbeitsverweigerung angebracht. Allerdings *nur*, wenn sie indirekt vorgebracht wird und

mit positiver Verstärkung versehen ist: Das könnte so geschehen, dass der deutsche Architekt diese Verwarnung im Gespräch zu zweit oder zu dritt ausspricht und gleichzeitig darauf verweist, das Bauvorhaben könne nur gelingen kann, wenn alle gemeinsam ihre Kraft dafür einsetzen und auch der streikende tansanische Arbeiter von dem Bau der neuen Klassenräume profitiere, weil die Kinder seiner erweiterten Familie einen Platz an der Schule erhalten können. Auf diese Weise wird der tansanische Arbeiter ohne Gesichtsverlust verwarnt und bekommt eine weitere Chance. Einen Arbeiter zu entlassen, wie es in der beschriebenen Situation erfolgt, kollidiert allerdings schwer mit den Rahmenbedingungen des gültigen Arbeitsrechts. Deshalb sind Freisetzungen von Arbeitern unbedingt zu vermeiden. Davon abgesehen ist es wahrscheinlich, dass sich die anderen Arbeiter gegen den Bauleiter solidarisieren und das gesamte Bauvorhaben damit zum Abbruch bringen. Eine Alternative zur Entlassung wäre in dieser Situation gegeben, wenn der streikende Arbeiter mit einer Aufgabe betraut würde, die sich in erster Linie an seinem Leistungswillen und seinen Fähigkeiten orientiert.

Erläuterung zu c):
Vermutlich empfinden die tansanischen Arbeiter den gleichen Zeitdruck wie der Bauleiter, freilich in abgeschwächter Form. Sie erwarten in diesem Fall wahrscheinlich, dass der verantwortliche Architekt den Zeitdruck mindern kann. Der Deutsche muss allerdings herauszufinden versuchen, ob das der Hauptgrund für die Arbeitsverweigerung ist. Unter Hinzuziehung einer geeigneten Vertrauensperson kann in einem Dreiergespräch herausgearbeitet werden, ob der streikende Arbeiter aus eher persönlichen Gründen (Familienprobleme, mangelnde Anerkennung etc.) gehandelt hat, oder ob er sozusagen als Vertreter der tansanischen Arbeiter durch seine Arbeitsniederlegung ein *Signal* senden wollte, dass die Arbeitsbedingungen zu verbessern seien. Mit einiger Geduld und Verständnis wäre auch dieses Problem zu lösen. Deutsche Fach- und Führungskräfte sollten besonders sensibel für *Alarmsignale* ihrer Mitarbeiter sein, wollen sie Kooperationsprojekte nicht gefährden. Neben dem *Signal* der Arbeitsverweigerung kommt es auch vor, dass betont langsam gearbeitet wird

oder Anweisungen nicht befolgt und stattdessen kontraproduktive Arbeitsaktivitäten entfaltet werden. Auf keinen Fall dürfen diese Signale als »Sturheit« oder »begrenztes Auffassungsvermögen« ausgelegt werden. Tansanische Arbeiter äußern sich in der Regel nicht direkt über auftauchende Probleme.

■ Beispiel 3: Lehren und Lernen

In einer Technischen Hochschule des Nakuru-Distrikts (Kenia) wird eine Kursreihe zur Informationstechnologie angeboten. Herr Kloes aus Deutschland, selbst ausgebildeter Computerfachmann, ist mit der Vorlesung betraut. Da es noch nicht genügend Hardware an der Hochschule gibt, die es den Kursteilnehmern ermöglichen würde, auch praktisch zu erproben, was Herr Kloes an Wissen vermittelt, haben die Studenten es schwer, die auf Englisch vorgetragenen Lerninhalte nachzuvollziehen. Herr Kloes bemerkt zwar die zunehmende Unruhe und Abgelenktheit der Studenten, fährt aber in seiner gut strukturierten Vorlesung fort. In den Diskussionen, die auf die Vorlesung folgen und das gewonnene Wissen absichern sollen, melden sich immer wieder nur dieselben zwei Studenten. Herr Kloes ist zunehmend frustriert und zweifelt an den kognitiven Fähigkeiten seiner Studenten. Nach vier Wochen beschweren sich die Studenten beim Rektor der Hochschule und fordern einen anderen Lehrer, da Herr Kloes nicht genügend Englisch spreche, um sie zu unterrichten. Es kommt zu einem Gespräch zwischen dem deutschen IT-Experten und dem kenianischen Rektor. Herr Kloes erläutert dem Rektor, dass er, um den Semesterlehrplan zu erfüllen, alles getan habe, was angesichts fehlender Computerausrüstung der Hochschule machbar gewesen sei. Geduldig erklärt der Rektor Herrn Kloes, welche Gründe für das störende Verhalten der Studenten eine Rolle spielen.

Was erklärt der kenianische Rektor der deutschen Fachkraft für Informationstechnologie?

- Lesen Sie nun die Antwortalternativen nacheinander durch.
- Bestimmen Sie den Erklärungswert jeder Antwortalternative

für die gegebene Situation und kreuzen Sie ihn auf der darunter befindlichen Skala entsprechend an. Es ist möglich, dass mehrere Antwortalternativen den gleichen Erklärungswert besitzen.

■ Deutungen

a) Der Rektor sichert Herrn Kloes zu, dass in Kürze genügend Computer als Lernmittel für den Semesterkurs zur Verfügung stehen werden.

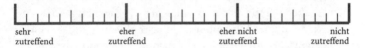

| sehr zutreffend | eher zutreffend | eher nicht zutreffend | nicht zutreffend |

b) Er ermuntert Herrn Kloes dazu, seine Englischkenntnisse aufzufrischen und außerdem noch Suaheli zu lernen, um sich besser verständlich zu machen.

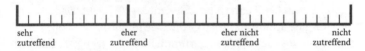

| sehr zutreffend | eher zutreffend | eher nicht zutreffend | nicht zutreffend |

c) Der Lehrstil von Herrn Kloes passt nicht in die Struktur der Wissensvermittlung, wie sie in Kenia verbreitet ist.

| sehr zutreffend | eher zutreffend | eher nicht zutreffend | nicht zutreffend |

– Versuchen Sie, Ihre Einstufung jeder Antwortalternative zu begründen. Halten Sie die Begründung in schriftlicher Form stichpunktartig fest.
– Lesen Sie nun die Erläuterungen zu jeder Antwortalternative durch und vergleichen diese mit Ihren eigenen Begründungen.

■ Bedeutungen

Erläuterung zu a):
Fachkräfte aus Deutschland haben in Kenia damit zu rechnen, dass die Lehr- und Lernmittel in den Hochschulen und Univer-

sitäten nicht dem deutschen Standard entsprechen. Aus Deutschland kommende Fachkräfte müssen sich daher in ihrer Lehrplanung didaktisch auf diese Situation einstellen. Das Versprechen des Rektors, genügend Computer für seine Studenten anzuschaffen, dient vermutlich eher dazu, Herrn Kloes einen Teil seiner Frustration zu nehmen, ist aber als Grund für die versagende Lehrer-Studenten-Interaktion nicht sehr wahrscheinlich.

Erläuterung zu b):
Der Vorwurf der Studenten kann einen realen Hintergrund haben, ist aber angesichts der im Allgemeinen guten Englischkenntnisse kenianischer Studenten nicht sehr einleuchtend. Vielmehr ist der Vorwurf Anzeichen einer nicht hinreichend guten Beziehung zwischen Herrn Kloes und seinen Studenten. Der deutsche Dozent hat es vermutlich versäumt, mit seiner Kursgruppe zu Beginn der Vorlesung einen angenehmen Kontakt aufzubauen, der den an ihn gerichteten Erwartungen zu persönlichen Beziehungen zwischen Lehrern und Studenten entspricht. Damit würde eine gute atmosphärische Grundlage für anspruchsvolle Lernprozesse unter schwierigen Lernmittelbedingungen geschaffen.

Erläuterung zu c):
Der Rektor weist wahrscheinlich auf mehrere Phänomene hin, die Voraussetzungen für eine gelingende und zufrieden stellende Wissensvermittlung an einer Hochschule sind. Er erklärt, dass die kognitiven Möglichkeiten der Studenten wesentlich darauf basieren, wie Sozialisationsprozesse ausgeformt sind. In Deutschland ist es selbstverständlich, dass Kinder bereits im Grundschulalter mit Computern spielerisch umgehen lernen und dementsprechend mit logisch-seriellen Lernprozesses bekannt sind, während in Kenia der Nachdruck auf dem Erlernen kulturkompatibler sozialer Prozesse liegt. Nur mit großer Geduld und im Wissen um kulturspezifische Sozialisationsunterschiede kann es gelingen, auch schwierige Wissensbestände zu vermitteln. Außerdem spricht der Rektor vermutlich Besonderheiten in des Lehrer-Studenten-Verhältnisses an. Herr Kloes erfährt, dass Lern- und Lehrprozesse in der Regel nicht wechselseitig verlaufen und die Schüler auch nicht offen ihre Meinung vertreten. Vielmehr herr-

schen oft frontale Lehrsituationen vor, die der Lehrende initiiert. In Diskussionen sind es häufig nur die Kurssprecher, die gleichsam stellvertretend für die Kursgruppe Redebeiträge abgeben. Dieser Umstand darf Herrn Kloes jedoch nicht zu der irrtümlichen Folgerung verleiten, die übrigen Studenten hätten nichts gelernt. Darüber hinaus hat Herr Kloes vermutlich seine Vorlesung zu stark an Sachzielen orientiert, die in ihrer logisch strukturierten Operationalisierung für die meisten kenianischen Studenten schwer nachvollziehbar sind. Denn die Studenten ziehen in der Regel Lernsituationen vor, in denen Lernprozesse lose strukturiert, vage formulierte Ziele enthalten und zeitliche Abläufe nicht zu präzise gefasst sind. Überaus wichtig ist den Studenten allerdings, dass der Lehrer seine Frustration für sich behält und auch als »Fachkraft« in der Lage ist, den Rahmen für eine persönlich-harmonische und konfliktfreie Lehr- und Lernatmosphäre zu schaffen.

Themenbereich 2: Projektmanagement

Beispiel 4: Wer darf eine Fortbildung besuchen?

Situation

An eine der großen Ausbildungsstätten in Südtansania hat ein große Entwicklungshilfeorganisation technische Mitarbeiter entsandt, um einen Ausbildungsgang nach dem Vorbild des deutschen Dualen Systems beruflicher Bildung einzurichten. Einer von ihnen, Herr Schweitzer, hat die Aufgabe, geeignete Meister zu nominieren, die nach Deutschland geschickt werden sollen, um im VW-Werk in Wolfsburg einen vierwöchigen Fortbildungslehrgang mitzumachen. Eine Anfrage nach Ausbildungsförderung liegt von tansanischer Seite vor. Das von beiden Seiten anerkannte Ziel dieses Ausbildungsprojekts ist es sicherzustellen, dass nach der nun bald bevorstehenden Übergabe des Automotive Departments an den tansanischen Träger genügend einheimische Fachkräfte bereitstehen, damit die Ausbildungseinrichtung mit einheimischem Personal langfristig weitergeführt werden kann. Herr Schweitzer sagt dem tansanischen Träger zu, dass für drei Personen eine Zusatzausbildung finanziert werden kann, muss es allerdings aus Gründen der Political Correctness den Tansaniern überlassen, welche Personen für geeignet angesehen werden.

Verwundert beobachtet Herr Schweitzer, dass von den drei aus Deutschland zurückgekehrten tansanischen Automechanikern zwei Meister binnen eines halben Jahres eine eigene Werkstatt aufmachen. Die Nachforschungen Herrn Schweitzers ergeben, dass der tansanische Träger drei ältere, »verdiente« Männer ausgewählt hat.

Welche Bedingungen hätte Herr Schweitzer im Auge haben müssen, um den Erfolg des Weiterbildungsprojektes sicherzustellen?

- Lesen Sie nun die Antwortalternativen nacheinander durch.
- Bestimmen Sie den Erklärungswert jeder Antwortalternative für die gegebene Situation und kreuzen Sie ihn auf der darunter befindlichen Skala entsprechend an. Es ist möglich, dass mehrere Antwortalternativen den gleichen Erklärungswert besitzen.

■ Deutungen

a) Herr Schweitzer hätte als Projektverantwortlicher darauf insistieren sollen, dass nur von ihm nominierte junge Fachkräfte ein Ticket nach Deutschland erhalten.

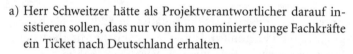

| sehr zutreffend | eher zutreffend | eher nicht zutreffend | nicht zutreffend |

b) Herr Schweitzer hätte einen Vertrauensmann beauftragen müssen, ihm eine Liste von mindestens sechs Personen vorzulegen, die aus tansanischer Sicht in Frage kämen.

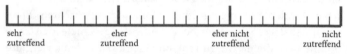

| sehr zutreffend | eher zutreffend | eher nicht zutreffend | nicht zutreffend |

c) In einem längeren Abstimmungsprozess hätten die Interessen der beiden Seiten deutlich gemacht und ausgeglichen werden müssen, um den Erfolg des Projektes sicher zu stellen.

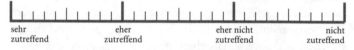

| sehr zutreffend | eher zutreffend | eher nicht zutreffend | nicht zutreffend |

- Versuchen Sie, Ihre Einstufung jeder Antwortalternative zu begründen. Halten Sie die Begründung in schriftlicher Form stichpunktartig fest.
- Lesen Sie nun die Erläuterungen zu jeder Antwortalternative durch und vergleichen diese mit Ihren eigenen Begründungen.

Bedeutungen

Erläuterung zu a):
Es liegt eindeutig im entwicklungspolitischen und betrieblichen Interesse, wenn Herr Schweitzer Wert darauf legt, diejenigen Kräfte zur Fortbildung nach Deutschland zu schicken, die nach seiner Meinung die Gewähr dafür bieten, dass der Ausbildungsbetrieb auch nach Vertragsende der Anforderung genügt, eine ausreichende Anzahl von Fachkräften in der Region zu qualifizieren. Außerdem muss der Mitteleinsatz, der für die Entwicklungshilfeorganisation mit der Fortbildung verbunden ist, effizient und nach außen hin begründbar sein. Insofern hätte Herr Schweitzer auf seiner Auswahl als Projektleiter bestehen können. So gibt es aber ein starker Gegensatz zu den Interessen der tansanischen Mitarbeiter, die ihre eigenen Auswahlkriterien für geeignete Personen haben. Herr Schweitzer hätte damit rechnen können, dass sein Insistieren auf einen bestimmten Personenkreis als *Einmischung* erfahren wird und seine Liste von fortzubildenden Kräften daher abgelehnt wird. Es ist für die meisten Tansanier nicht nachvollziehbar, wieso deutsche Experten besser in der Lage sein sollen, die Eignung von Personen festzustellen, die das Privileg eines Fluges nach Europa erhalten als Einheimische. Die Aufstellung des Kriteriums, die Fortzubildenden sollten jüngeren Alters sein, ist als formales Eignungskriterium aus tansanischer Sicht ganz unverständlich, ja sogar respektlos.

Erläuterung zu b):
Wenn kulturbedingt wirtschaftliche Interessengegensätze aufzubrechen drohen, ist es in Tansania geboten, dass Experten einen Verständigungsprozess einleiten, der als kulturangepasst gilt: Tansanier wollen unter allen Umständen die direkte Austragung eines Interessenkonflikts vermeiden. Die Einschaltung einer *Mittelsperson* (sw. mpatanishi, mshauri) dient traditionell dazu, einen Interessenausgleich auf indirektem Wege herzustellen. Es wäre für die deutsche Seite ergiebiger, wenn sie ihre Einwirkungsmöglichkeiten ebenfalls über eine Mittelsperson geltend machen könnte, um zu vermeiden, dass aus ihrer Sicht weniger geeignete Mitarbeiter nominiert werden. Es ist nämlich oft der Fall, dass bei

Ostafrikanern das Interesse an einer Fernreise in das »reiche« Deutschland höher gesetzt wird als die Fortbildungsmaßnahme selbst, um die es dem Projektverantwortlichen geht. Um diesen Interessengegensatz auszugleichen käme als Mittelsperson etwa jemand in Frage, der über langjährige Betriebserfahrung verfügt und die persönlichen und familiären sowie rollenbezogenen Hintergründe der Mitarbeiter kennt. Beide Seiten könnten ihr Gesicht bewahren, wenn ein Kompromiss gesucht würde: Die Mittelsperson würde beispielsweise sechs in Frage kommende Mitarbeiter auswählen und im Gegenzug Herrn Schweitzer die Möglichkeit lassen, aus einer solchen Liste drei auszuwählen, die seinen Vorstellungen am ehesten entsprechen.

Erläuterung zu c):
Dieser Weg ist zwar langwierig, kommt aber der tansanischen Auffassung am stärksten entgegen. Betriebe und Organisationen werden als große Familien aufgefasst, in denen nicht die Logik von Zielen und Prozeduren entscheidend ist, sondern dass angenehme menschliche Beziehungen zwischen Experten und Mitarbeitern entstehen und bestehen bleiben. In diesem Prozess der persönlichen Beziehungsbildung innerhalb und außerhalb der Betriebs können sich Entscheidungen am wenigsten störend vorbereiten lassen, beispielsweise die Auswahl geeigneter Mitarbeiter zu Fortbildungszwecken. Dieser – gewiss auch zeitraubende – Prozess würde ein Abwägen der Kriterien mit sich bringen, die in Tansania höchsten Rang einnehmen: *Anciennität, Weisheit* und *Würde* (sw. Heshima). Wenn nun der deutsche Experte sich in diesen Prozess mit einbinden lässt und auch seine Vorstellungen vorsichtig einbringt, kann es bei einem solchen Prozedere durchaus möglich sein, dass ein weiser, alter Mitarbeiter zugunsten eines jüngeren Verwandten zurücktritt, wenn es um die Wahrnehmung eines Privilegs geht, das die Wahrnehmung einer Fortbildung in Deutschland für die Mitarbeiter darstellt. Jedenfalls hätte der Experte wohl frühzeitig mitbekommen, ob sich ein Mitarbeiter, sobald er die Fortbildung absolviert hat, sich nicht mehr an den Betrieb gebunden fühlt und wie in diesem Fall eine eigene Werkstatt aufmacht.

Beispiel 5: Zugangsmöglichkeiten

Situation

Eine international operierende Firma bereitet ihren Einstieg in den tansanischen Markt vor. In Dar-es-Salaam eröffnet sich für die Firmenleitung die Möglichkeit, in Zusammenarbeit mit der evangelischen Ortsgemeinde einen Betriebskindergarten zu errichten. Damit wäre für die Unterbringung der Kinder aus den Familien der Mitarbeiter gesorgt. Die Mitarbeiter könnten sich voll ihrer Tätigkeit in der Firma widmen. Während die Firma das Bauvorhaben mit 25.000 Euro finanziert, stellt die Ortsgemeinde den Baugrund kostenlos zur Verfügung. Bei den Verhandlungen stellt sich die Frage als strittig heraus, wer denn nun Zugang zu den Kindergartenplätzen erhält.

Der tansanischen Kirchenvorstand vertritt die Auffassung, dass nur christliche Kinder Recht auf einen Platz im Kindergarten bekommen sollen. Die deutschen Verhandlungspartner möchten dagegen, dass alle Kinder der betrieblich Beschäftigten – egal welcher Konfession sie angehören – Zugang zum Kindergarten erhalten können, da sich die Finanzierung für die wenigen Kinder der evangelischen Mitarbeiter – der Betrieb beschäftigt ca. 70 % Muslime und 30 % Christen – nicht lohnen würde.

Es erfordert einen langen Verhandlungstag, um die tansanischen Partner von dem Firmenkonzept hinsichtlich des Betriebskindergartens zu überzeugen. Obwohl sie nicht glücklich über diese Lösung zu sein scheinen, nehmen sie jedoch an.

Welche Hintergründe müssen von den deutschen Verhandlungspartnern berücksichtigt werden?

- Lesen Sie nun die Antwortalternativen nacheinander durch.
- Bestimmen Sie den Erklärungswert jeder Antwortalternative für die gegebene Situation und kreuzen Sie ihn auf der darunter befindlichen Skala entsprechend an. Es ist möglich, dass mehrere Antwortalternativen den gleichen Erklärungswert besitzen.

■ Deutungen

a) Die Tansanier schätzen die Bindung an ihre Konfession höher ein als von den deutschen Verhandlungspartnern vermutet.

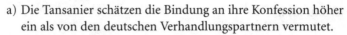

| sehr zutreffend | eher zutreffend | eher nicht zutreffend | nicht zutreffend |

b) Die tansanischen Partner sehen die langfristigen Effekte dieser Betriebseinrichtung nicht.

| sehr zutreffend | eher zutreffend | eher nicht zutreffend | nicht zutreffend |

c) Die tansanischen Partner sind nicht glücklich darüber, dass die deutschen Entscheidungsträger so lange brauchen, um sie von ihrer Haltung zu überzeugen.

| sehr zutreffend | eher zutreffend | eher nicht zutreffend | nicht zutreffend |

– Versuchen Sie, Ihre Einstufung jeder Antwortalternative zu begründen. Halten Sie die Begründung in schriftlicher Form stichpunktartig fest.
– Lesen Sie nun die Erläuterungen zu jeder Antwortalternative durch und vergleichen diese mit Ihren eigenen Begründungen.

■ Bedeutungen

Erläuterung zu a):
Dieser Hintergrund ist wahrscheinlich für die Haltung der tansanischen Partner maßgeblich: Die verhandelnden Gemeindevertreter verbinden hier mit ihrer religiösen Orientierung ein hohes Maß an Prestige und Respekt. Religiöse Bindungen und Zugehörigkeiten zu religiösen Organisationen sind für Tansanier selbstverständlich. Tansanische Kirchen stehen in langer Austauschtradition mit den europäischen Partnerkirchen und er-

warten mit ihnen auch in Zukunft Kooperationsprojekte. Viele tansanische Christen sind der Auffassung, dass die Exklusivität ihrer religiösen Gemeinschaft am ehesten gewährleistet, dass Zuwendungen aus Europa langfristig ihr gesellschaftliches Prestige stärken. In der vorliegenden Situation wird folgerichtig die Grenze zur muslimischen Majorität von den tansanischen Christen über die Ablehnung der Aufnahme muslimischer Kinder in ihren christlichen Kindergarten gezogen.

Erläuterung zu b):
Natürlich ist es den deutschen Verhandlungspartnern wichtig, ein ähnliches Modell von betrieblichem Kindergärten in Dar-es-Salaam zu installieren, wie es sich auch in Deutschland gut bewährt hat. Diese Form des sozialen Engagements, für die Mitarbeiter und deren Familien Sorge zu tragen, soll nach Tansania übertragen werden. Doch möchte die tansanische Seite ihre eigenen Vorstellungen bei der Nutzung des Kindergartens einbringen. Diese mögen zwar in deutschen Augen weniger effektiv erscheinen, sind aber für die betroffenen Tansanier und ihr kulturelles System langfristig durchaus angemessen im Sinne der Stärkung der Diaspora, der christlichen Ingroup gegenüber der muslimischen Outgroup. Die deutschen Verhandlungspartner müssen davon ausgehen, dass die evangelische Gemeinde sich über den Kindergarten einen exklusiven Zugang zum Betrieb und zu sonstigen Ressourcen erhofft. Aus der Sicht der Gemeinde sind Muslime jedoch von solchen Zugangsmöglichkeiten auszuschließen. Wenn die deutschen Firmenvertreter diese Einstellung positiv aufnehmen würden, würde sich als Lösung zu dem Verhandlungskonflikt Folgendes anbieten: Die deutschen und tansanischen Partner einigen sich auf den Grundsatz, dass alle Kinder christlicher Mitarbeiter einen Kindergartenplatz zugesichert bekommen. Den muslimischen Mitarbeitern wird das Angebot gemacht, ihre Kinder auch in den evangelischen Kindergarten zu schicken. Jedoch müssen sich die Erziehungsberechtigten darüber im Klaren sein, dass die Kindergartenbetreuung unter christlichen Vorzeichen erfolgt. Falls muslimische Eltern dieses Angebot aus Glaubensgründen ablehnen, wird für ihre Kinder eine gesonderte Betreuungsmöglichkeit in Zusammenarbeit mit

der örtlichen muslimischen Gemeinde, etwa im Anschluss an eine Koranschule, gesucht. Damit wäre den zuwiderlaufenden Interessenlagen am ehesten gedient.

Erläuterung zu c):
Die tansanischen Partner sind nicht unglücklich wegen der »langen« Verhandlungsdauer. Denn sie bevorzugen selbst gern einen ausführlichen Ideenaustausch über unterschiedliche Interessen, bis sie in einem gemeinsamen Rat (sw. shauri) zu einer alle befriedigenden Entscheidung gelangen. Es ist wohl eher für die deutschen Entscheidungsträger abwegig, wenn ein zäher Verhandlungstag mit der Frage verbracht wird, welche Konfessionen Zugang zum Kindergarten erhalten sollen. Nicht glücklich scheinen die tansanischen Verhandlungspartner deshalb zu sein, weil sie zwar den Vorschlag der Deutschen letztlich annehmen, weil mit ihm die Zusage von 25.000 Euro verbunden ist, aber ihr Gefühl aus Höflichkeit nicht ausdrücken, sich, ohne für ihr Anliegen Verständnis zu finden, gebeugt zu haben.

■ Beispiel 6: Lokales Wissen in der Entwicklungszusammenarbeit

■ Situation

In einem Trockengebiet soll ein Programm zur nachhaltigen viehwirtschaftlichen Entwicklung eingeführt werden. Innerhalb dieses Programms hat der deutsche Agrarökonom Paul Christiansen die Aufgabe, die vorherrschende Freilandhaltung des Milchviehbestands auf Stallhaltung umzustellen, weil durch den Verbiss der Ziegen die Überweidung der Böden weit voran getrieben worden ist. Herr Christiansen stellt fest, dass die meisten Methoden der örtlichen Viehwirtschaft veraltet sind und die Bauern für die Ertragssteigerung in der Milchproduktion Verbesserungsvorschläge brauchen. Offen und kritisch äußert sich Herr Christiansen zu den umweltschädigenden Aspekten der Freilandhaltung. Die Kooperation mit den Kleinbauern erfolgt im Rahmen von dörflichen Versammlungen. Da die anfänglichen Diskussionsrunden in den Dorfversammlungen nach Ansicht von Herrn Christiansen sehr zäh verlaufen sind, ist er nun auf reine Beratung umgestiegen, die bei den Kleinbauern zuhause erfolgt. Er wundert sich allerdings, warum die Farmer seine Verbesserungsvorschläge nicht umsetzen.

Was sind die wesentlichen Gründe für das Scheitern des Projekts?

– Lesen Sie nun die Antwortalternativen nacheinander durch.
– Bestimmen Sie den Erklärungswert jeder Antwortalternative für die gegebene Situation und kreuzen Sie ihn auf der darunter befindlichen Skala entsprechend an. Es ist möglich, dass mehrere Antwortalternativen den gleichen Erklärungswert besitzen.

■ Deutungen

a) Dörfliche Versammlungen mit Kleinbauern sind nicht das geeignete Forum für das Projekt.

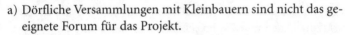

sehr zutreffend — eher zutreffend — eher nicht zutreffend — nicht zutreffend

b) Herr Christiansen hat die traditionellen Formen der Viehhaltung nicht zutreffend erfasst und versäumt, die Farmer selbst Auskünfte darüber geben zu lassen.

sehr zutreffend — eher zutreffend — eher nicht zutreffend — nicht zutreffend

c) Herr Christiansen hätte sich auf eine kulturangepasste Form der Beratung einlassen müssen.

sehr zutreffend — eher zutreffend — eher nicht zutreffend — nicht zutreffend

– Versuchen Sie, Ihre Einstufung jeder Antwortalternative zu begründen. Halten Sie die Begründung in schriftlicher Form stichpunktartig fest.

- Lesen Sie nun die Erläuterungen zu jeder Antwortalternative durch und vergleichen diese mit Ihren eigenen Begründungen.

■ Bedeutungen

Erläuterung zu a):
Das Instrument »Dorfversammlung« zu nutzen, um ein Programm der Entwicklungszusammenarbeit einzuführen, ist an und für sich günstig, um ein Maximum an Partizipation zu erreichen. Auf Dorfversammlungen werden die Angelegenheiten beraten, die für die Dorfgemeinschaft entscheidend sind. Doch wichtig wäre es für Herrn Christiansen, vor der Besprechung seines Vorhabens sich darüber kundig zu machen, welche politisch-administrativen Besonderheiten in der Region üblich sind. Beispielsweise ist zunächst der District Officer davon zu überzeugen, welche Vorteile ein solches viehwirtschaftliches Programm für ihn und seinen Distrikt haben kann, etwa die Nutzung von Projektfahrzeugen und die Projektlogistik. Nachdem eine gute persönliche und geschäftliche Beziehung zum District Office aufgebaut ist, wird der Verantwortliche gern dazu bereit sein, auf einem vorbereitenden Treffen mit den Dorfältesten die Vorteile des Projekts zu beraten. Erst wenn auch diese Hürde genommen ist, kann es zu einer von den Farmern vor Ort besuchten Dorfversammlung kommen. Ein gelungenes Top-down-Verfahren entspricht grundsätzlich der Richtung, in der ein Akzeptanzrahmen von moderner landwirtschaftlicher Wissensvermittlung bereit gestellt wird. Die Kenntnis des kulturangepassten Channelling ist also für Herrn Christiansens Vorgehen eine notwendige, jedoch noch keine hinreichende Bedingung für das Gelingen des Projekts. Jedenfalls können nun die Vertreter der Dorfverwaltung eine Dorfversammlung einberufen.

Erläuterung zu b):
Diskussionen sind zwar eine Form von Kommunikation, die aber auch in den jeweiligen kulturellen Kontext hineinpassen muss. Herr Christiansen hat selbst erfahren, dass diese Form nicht das Ergebnis bringt, das er erwartet hat. Vermutlich hat er übersehen,

dass die Zielgruppe der Farmer in seinem Projektgebiet die in Deutschland übliche Form von Diskussionsrunden nicht kennt, weil sie auf dem von den Farmern früher besuchten Primary Level des Schulsystems nicht vermittelt worden ist. Dieser Sachverhalt hat jedoch weniger mit Bildung zu tun als mit sozialisationsbegleitenden Zusammenhängen, in denen kulturspezifische Kommunikationsstile gelernt werden. In Ostafrika kann davon ausgegangen werden, dass Wissensvermittlung im Rahmen der Technischen Hilfe nur dann eine Chance hat, diejenigen zu erreichen, für die sie vorgesehen ist, wenn zunächst nachgefragt wird, ob es den Interessen der Beteiligten, aber auch ihren überlieferten viehwirtschaftlichen Erfahrungen und Wertschätzungen entspricht, was vermittelt werden soll. Vermutlich hat es der FAO-Experte (FAO: Food and Agriculture Organisation of the United Nations) versäumt, sich nach den Vor- und Nachteilen der viehwirtschaftlichen Praxis, die die Farmer anwenden, zu erkundigen. Daher fühlten sich die Farmer vor Ort in dem übergangen, was sich an traditionellen Wirtschaftsweisen aus ihrer Sicht bislang bewährt hat.

Erläuterung zu c):

Herr Christiansen hat zwar erst beobachtet, welche traditionellen Methoden der Viehhaltung vorherrschen, und hat auch richtig analysiert, wo die Schwachstellen dieser Methoden liegen könnten. Nur ist ihm anscheinend die Umsetzung in die andere Kultur nicht ganz geglückt: Er hat es einerseits versäumt, das Vertrauen der örtlichen Farmer zu gewinnen, indem er zunächst auf sie hätte zugehen und auf sie hören können. Er hätte also zunächst gut daran getan, sich selbst beraten zu lassen. Genau dieses Moment wäre aber eine weitere Notwendigkeit für eine erfolgreiche Durchführung des Projekts. Denn er geriet durch sein Versäumnis in den Augen der Farmer in die überlegene Position des Besserwissers. Zudem ist es nicht kulturadäquat, offen Kritik an bewährten Handlungsweisen zu üben, weil hierdurch leicht das Harmonie- und Konsensbedürfnis der Kleinbauern verletzt wird. Beratung darf nicht mit Kritik verbunden sein, sondern sollte im Stil des in der Suaheli-Kultur weit verbreiteten und sehr positiv gesehenen »kupeana mawazo« (dt. sich untereinander-Gedanken geben, Ideen austauschen) verlaufen. Was den inhaltlichen Aspekt der Beratung angeht, könnte Herr Christiansen – die Suaheli Kultur bevorzugt grundsätzlich indirekte Kommunikationsstile – stattdessen beispielsweise auf Kleinbauern verweisen, die bereits Ertragssteigerungen mit der neuen Methode der Stallhaltung unter Zufütterung von Guatemalagras gemacht haben. Ein solches Vorgehen erhöht in der Regeln das Akzeptanzniveau bei den Zielgruppen derartiger Projekte.

■ Kulturelle Hintergründe zu Personal- und Projektmanagement

Die effektive Ausübung von Leitungsfunktionen ist an die in einer Kultur vorherrschenden Motivationsmuster gebunden. So haben sich im Westen Modelle durchgesetzt wie »Management by Objectives« (MBO), das auf unterschiedlichen »Goal settings« zwischen Vorgesetzten und Mitarbeitern basiert und dem Mitarbeiter Raum geben, relativ unabhängig zu arbeiten, um Leistungsziele zu erreichen. In Ostafrika ist ein Erfolg des MBO eher zweifelhaft, da dieser Stil darauf beruht, dass der Einzelne in einem bestimmten Zeitraum eine messbare Leistung vollbringt. Denn von Vorgesetzten kontrollierte Einzelleistungen wirken in Ostafrika eher demotivierend und streuen Misstrauen. Vorstellbar wäre ein Management, das auf erreichbare Gruppenziele abhebt und damit den Konkurrenzdruck zwischen den Mitarbeitern vermindert. Ein aus den USA kommendes Managementverfahren, das hierzulande als »Management by Exception« Verbreitung gefunden hat, beinhaltet, dass Mitarbeiter solange ohne Eingriffe der Leitung arbeiten, wie Situationen ausbleiben, für die es Bedarf an Regelungen oder Prozeduren gibt. Ein solcher Stil gibt den Mitarbeitern das Gefühl von Handlungskompetenz in den für sie definierten Arbeitsbereichen. In Ostafrika würde ein solcher Stil dazu führen, dass die Mitarbeiter sich in ihren Arbeitsvollzügen allein gelassen fühlen. Individuelle Handlungsfreiheit ist in Ostafrika kein akzeptierter Wert. Vielmehr erwarten die meisten Mitarbeiter von einem Manager, dass er ständig erreichbar ist und ein freundliches, aber distanziertes Verhalten an den Tag legt. Ein Vorgesetzter – oder sein anerkannter Vertreter – sollte möglichst praktisch zeigen, worauf es ankommt.

In Ostafrika ist der Führungsstil vorzugsweise *paternalistisch* (oder regional auch maternalistisch), weil das der herrschenden Norm entspricht. Der Boss (sw. Mkubwa, Mkuu, Mtawala) ist nicht so sehr Partner, sondern erwartet von seinen Mitarbeitern Gehorsam und Unterwerfung unter seine Autorität. Andererseits erwarten die Mitarbeiter von ihrem Vorgesetzten, dass er ihnen in familiären Angelegenheiten hilft. Sollte eine *Beratung* der Mitarbeiter vonnöten sein, so geschieht das in der Regel auf indirekte Weise über »Vertraute«, denn ein Manager darf auf keinen Fall einen Mitarbeiter durch kritische Bemerkungen bloßstellen. Für einen fremden Beobachter erscheinen die überwiegend formellen Kommunikationsstile in den streng hierarchisch strukturierten Betrieben und Projekten eine unpersönliche Art auszudrücken. Unter der Oberfläche jedoch werden qualitative Beziehungen geknüpft, die einen starken Zusammenhalt zwischen Leitung und Untergebenen manifestieren, auch wenn sich das Unternehmen in einer kritischen Phase befindet. Wenn ein Manager seinerseits um Rat nachsucht, so tut er das, indem er in der Regel Freunde gleichen Ranges heranzieht. Auf diese Weise wird die soziale Distanz zwischen Management und Mitarbeitern gewahrt.

Was nun die Verhängung betrieblicher *Sanktionen* gegenüber Mitarbeitern angeht, so treffen solcherlei Maßnahmen seitens des Managements empfindlicher als in Deutschland, weil die Beziehungen in ostafrikanischen Betrieben dichter gewoben sind als in vergleichbaren Betrieben hierzulande. Jedoch haben Sanktionen nur dann den betrieblich notwendigen Effekt, wenn deutsche Manager nicht nur Anweisungen treffen wie Manager es tun sollten, sondern sich auch im Erwartungshorizont der Mitarbeiter wie »richtige« Manager verhalten. So ist es zum Beispiel sehr schwierig, eingestelltes Personal »freizusetzen«, weil oft ein Lohn die einzige nennenswerte Einkommensquelle für die erweiterte Familie darstellt und außerdem gesetzliche Belange tangiert sind. Akzeptierter ist eher der Transfer des von einer Sanktion betroffenen Mitarbeiters, wenn er eine andere, vielleicht auch geringer dotierte, Arbeitsstelle im gleichen Betrieb erhält. Damit wäre aus der Sicht des Mitarbeiters wenigstens gewährleistet, dass er weiterhin in seiner »Betriebs-Familie« bleibt. Ansonsten ist eine Führungskraft gut beraten, wenn sie auf Sanktionen verzichtet, weil sich das Betriebsklima dadurch empfindlich verschlechtern kann und oft die kalkulierten betrieblichen Verbesserungen konterkariert werden.

Von Ostafrikanern wird im Blick auf beobachtete *Managementstile* vorsichtig angemerkt, dass westliche Führungskräfte oftmals zu »draufgängerisch« seien. Sie würden auch häufig nicht hören wollen, warum eine Fehlentscheidung von ihnen getroffen worden ist, warum ein Mitarbeiter zu spät kommt oder gar fehlt. Außerdem seien diese Führungskräfte vielfach unbeherrscht in ihren Äußerungen und würden Mitarbeiter vor anderen kritisieren. Als besonders problematisch wird es von ostafrikanischen Mitarbeitern erlebt, dass westliche– als relativ wohlhabend eingestufte – Leitungspersönlichkeiten »knauserig« sind, wenn es um finanzielle Hilfen zur Bewältigung von Wechselfällens des Lebens geht, die Mitarbeiter zu gewärtigen haben.

Als positive Eigenschaften westlicher Führungskräfte sehen es viele afrikanische Mitarbeiter an, dass sie gradlinig ihre Ziele verfolgen und ausdauernd dabei bleiben, auch wenn etwas nicht so funktioniert, wie es geplant war. Darüber hinaus wird es geschätzt, dass westliche Manager in die Zukunft planen und diese Planungen diszipliniert durchführen. Diese Manager hätten ihre Regeln und würden sie strikt einhalten. Außerdem gäben sie klare Instruktionen, die sie dann auch kontrollierten. Hoch im Ranking der bewerteten Eigenschaften von westlichen Führungskräften steht freilich eine allgemein menschliche Tugend: einmal gemachte Versprechen werden auch eingelöst.

In Tansania – und das ist auch mutatis mutandis für die anderen ostafrikanischen Nationen anzunehmen – sind Betriebe und Organisationen nach dem *Modell der Familie* (sw. Jamaa) gestaltet: Die Autorität ist in wenigen Händen konzentriert, die Entscheidungshierarchie spitz zulaufend. Das Konzept des Leanmanagement ist in Ostafrika nicht kulturadäquat. Unternehmenserträge und Leistungen sind weniger durch Prozeduren prädeterminiert als durch die sozial normierte Beziehung zwischen Mitarbeitern und Management.

Ein gesondertes Feld, mit dem Führungskräfte fast täglich umzugehen haben, ist das *Konfliktmanagement*. Während in Deutschland Konflikte meistens persönlich und offen zwischen den Kontrahenten ausgetragen werden, über außergerichtliche Vereinbarungen gelöst werden oder der formalisierte Rechtsweg eingeschlagen wird, gelten in Ostafrika grundsätzlich andere Muster des Konfliktmanagements. Konflikte gelten in der Suaheli-Kultur als nicht erstrebenswert, sondern bedrohen die Gruppenharmonie. Zwischen Mitgliedern einer Ingroup wird es unter allen Umständen vermieden, Konflikte überhaupt aufkommen zu lassen. Falls dennoch Konflikte auftreten sollten, erfolgt die Beilegung von Konflikten in der Regel auf indirektem Wege. Wenn Konflikte zwischen Management und Mitarbeitern entstehen, müssen deutsche Führungskräfte davon ausgehen, dass ihre afrikanischen Betriebsangehörigen sachliche Kontroversen persönlich nehmen. Mit einem sachlichen Konflikt ist daher in der Regel auch der »Gesichtsverlust« des betroffenen Mitarbeiters verbunden. Genau das sollte aber vermieden werden, um die Arbeits- und Funktionsfähigkeit des Betriebs nicht zu gefährden. Besonders in Tansania kommt es immer wieder vor, dass sich bei einem offen und emotional ausgetragenen Konflikt zwischen deutscher Führungskraft und einem Mitarbeiter die anderen tansanischen Kollegen sich schweigend mit demjenigen verbünden, der in den Konflikt verwickelt ist. Solch eine schweigende Solidarität mit dem Betroffenen drückt sich beispielsweise in Arbeitsverweigerung oder auch betriebsstörenden Handlungen aus. Außerdem kann der Führungskraft vorgeworfen werden, sie habe keinen Respekt vor tansanischen Bürgern. Die Konsequenz daraus besteht eventuell sogar darin, dass die Führungskraft durch das Immigration Office als Persona non grata des Landes verwiesen wird.

Deutsche können dadurch Konflikte zu vermeiden versuchen, indem sie unbedingt ihre Emotionen kontrollieren und sich sorgfältig und auf indirekte Weise ausdrücken. Negative Feedbacks sollten nur unter vier Augen und behutsam gegeben werden. Bevor Konflikte ausbrechen, gilt es, sensibel für indirekte Botschaften zu sein, zum Beispiel wahrzunehmen, wenn ein Mitarbeiter nicht mehr gesprächig ist. Oder wenn ein Mitarbeiter offensichtlich entgegen den Anweisungen seines Vorgesetzten genau das Gegenteil tut. Das ist oftmals Indikatoren dafür, dass er entweder persönliche Probleme hat oder mit dem Managementstil nicht zurechtkommt. Ist ein Konflikt erst ausgebrochen, kommt es immer wieder vor, dass ein Mitarbeiter nicht mehr zur Arbeit erscheint. Es wäre jedoch eine Fehlinterpretation, wenn angenommen wird, der Mitarbeiter sei zu feige, den Konflikt auszutragen. Es ist vielmehr so, dass ein Fernbleiben des Betroffenen in einem solchen Fall kulturell durchaus akzeptiert ist.

Ein passender Schlüssel zur kulturell adäquaten Konfliktbewältigung ist der Einsatz von Mittelspersonen. Sie sind bereits in höherem Alter und genießen das Vertrauen ihrer Bezugsgruppe. Es dürfte wohl kein Projekt oder Unternehmen in Ostafrika geben, das ohne die Beratung und Hilfe eines *Mzee* (dt. weise, alte Person) auskommt. Deutsche Führungskräfte benötigen solche Menschen, weil sie sich im sozialen Netzwerk auskennen und ihnen inner- wie außerbetrieblich hoher Respekt gezollt wird. Mag auch das Einschalten von Mittelspersonen als wenig effektiv betrachtet werden, weil viele Interessenkonflikte nicht an Ort und Stelle ausgetragen werden können, so sind die alten, weisen Menschen doch langfristig von äußerster Wichtigkeit für die Stabilisierung oder Schaffung einer guten Atmosphäre zwischen Management und Mitarbeitern. Führungskräfte sollten diese Menschen, wenn es auch für sie ungewohnt ist, als Coaches oder betriebliche Mediatoren sehen und ihre Ratschläge und Informationen besonders dann in Anspruch nehmen, wenn sie selbst in grundlegenden Entscheidungen unsicher sind. Der Nutzen von Mittelspersonen wird sich langfristig herausstellen, wenn in einem Betrieb ein angenehmes, von Konsens getragenes Klima herrscht.

Themenbereich 3: Kooperation

Beispiel 7: Pflichtbewusstsein

Situation

Der deutscher Partnerschaftskoordinator einer Schulpartnerschaft zwischen einem Potsdamer Gymnasium und einer Secondary School in Monduli bei Arusha/Nordtansania ist mit seiner Delegation zu Besuch und gerät nach der herzlichen Begrüßung durch die Gastgeber in eine irritierende Situation. Am zweiten Besuchstag wollen seine ihn begleitenden Schüler und Lehrer am Unterricht teilnehmen und erwarten einen ganz alltäglichen Schultag. Sie finden zu ihrem Erstaunen jedoch eine Schule vor, an der in der regulären Unterrichtszeit nicht gelehrt wird. Die tansanischen Lehrer werden auf dem Schulhof gesichtet, wie sie sich unterhalten. Wütend beschweren sich die deutschen Besucher bei ihrem Koordinator: »Wir geben ihnen seit Jahren das Geld, und sie erteilen nicht einmal normalen Unterricht!« In einer Krisensitzung wird von deutscher Seite harte Kritik an der »laxen« Dienstauffassung der tansanischen Lehrer geübt, die ihrerseits die Kritik schweigend anhören. Der stellvertretende Schulleiter der tansanischen Schule sorgt daraufhin für den Beginn des Unterrichts, und die deutschen Schüler können nun ihrem Hospitationswunsch nachkommen.

Was bewegt die tansanischen Lehrer und Schüler dazu, den Unterricht ausfallen zu lassen?

- Lesen Sie nun die Antwortalternativen nacheinander durch.
- Bestimmen Sie den Erklärungswert jeder Antwortalternative für die gegebene Situation und kreuzen Sie ihn auf der darun-

ter befindlichen Skala entsprechend an. Es ist möglich, dass mehrere Antwortalternativen den gleichen Erklärungswert besitzen.

■ Deutungen

a) Es ist Hitzefrei.

| sehr zutreffend | eher zutreffend | eher nicht zutreffend | nicht zutreffend |

b) In Tansania gibt es kulturbedingt einen lockeren Umgang mit festen Unterrichtszeiten.

| sehr zutreffend | eher zutreffend | eher nicht zutreffend | nicht zutreffend |

c) Planungen für die Gäste nehmen die Unterrichtszeit in Anspruch. Daher fällt der Unterricht häufiger aus, wenn Gäste anwesend sind.

| sehr zutreffend | eher zutreffend | eher nicht zutreffend | nicht zutreffend |

– Versuchen Sie, Ihre Einstufung jeder Antwortalternative zu begründen. Halten Sie die Begründung in schriftlicher Form stichpunktartig fest.
– Lesen Sie nun die Erläuterungen zu jeder Antwortalternative durch und vergleichen diese mit Ihren eigenen Begründungen.

■ Bedeutungen

Erläuterung zu a):
Diese Antwort stimmt in den tropischen und sub-tropischen Gebieten nicht, weil sonst häufig Hitzefrei sein müsste. Hitzefrei vom Schulunterricht ist eher eine Einrichtung in manchen Ge-

genden Deutschlands. Daher kann diese Antwort hier nicht zum Tragen kommen. Gerade bei großer Hitze wird der Unterricht aus den Schulgebäuden oftmals verlagert und im Schatten eines Avokadobaums oder einer Kokospalme bis zum Unterrichtsschluss durchgeführt.

Erläuterung zu b):
Aus deutscher Sicht mag der Umgang mit Schule und Unterricht wohl als eher »locker« bezeichnet werden können, weil trotz strenger offizieller Regulierungen die Schulpraxis eher flexibel gehandhabt wird, wenn andere Notwendigkeiten in den Vordergrund rücken. So fällt beispielsweise der Unterricht aus, wenn die Schule mit Versorgungsgütern beliefert wird, Beerdigungen stattfinden oder festliche Anlässe gegeben sind. Oft ist es in Tansania der Fall, dass etliche Lehrer fehlen, weil sie zur Entgegennahme ihrer Gehälter in die nächstgelegene Stadt fahren müssen. Trotzdem ist diese Erklärung nicht passend (siehe Lösung C).

Erläuterung zu c):
Das Konzept der Gastfreundschaft vereint Verhaltenswerte, die äußerst hoch zu veranschlagen sind. Diesen Verhaltenswerten ordnen sich andere sonst in Geltung stehende Werte in der Begegnungssituation unter, beispielsweise das pünktliche Abhalten des Unterrichts. Ausschlaggebend für den Unterrichtsausfall ist der Umstand, dass die entscheidenden Vorbereitungen beim Gästeempfang in der Regel erst dann vorgenommen werden, wenn die Gäste bereits eingetroffen sind. Insofern treten Lehr- und Lernverpflichtungen im schulischen Rahmen selbstverständlich zurück, damit eine angemessene Planung für den Aufenthalt der Gäste durchgeführt werden kann.

Entscheidend ist nicht die Durchführung des Unterrichts, sondern das Wohlbefinden der Gäste, das die tansanischen Partner im Gesamtprogramm und in der Zusammenkunft gewährleistet sehen wollen. Wenn die Gäste sich jedoch wohl fühlen, wenn im Rahmen ihres Besuchsprogramms normaler Unterricht durchgeführt wird, der auch beobachtet werden kann, dann wird alles dafür getan, Unterricht »normal« stattfinden zu lassen. Ein solcher Besuchswunsch muss natürlich frühzeitig von den europäischen Besuchern angesprochen werden. In der Regel wird dann ein Hospitationswunsch in das schriftlich angefertigte Besuchsprogramm (sw. ratiba) eingefügt.

■ Beispiel 8: Geschlechterrollen

■ Situation

Im Haushalt einer Missionsstation der evangelisch-lutherischen Kirche Tansanias verrichtet seit Jahren ein muslimischer Koch seinen Dienst. Für die deutsche Missionarin, Frau Jäger, ist die Zusammenarbeit bislang zur Zufriedenheit verlaufen, da der Koch, Herr Ali, korangemäß schlachtet und auch sonst die umfänglichen Anforderungen seitens der großen Gemeinde und der Missionsstation mit ihren zahlreichen Gästen erfüllt. Doch eines Tages bittet der Koch um einen Vorschuss für die Ausrichtung eines besonderen familiären Ereignisses. Diese Bitte wird allerdings in einer dermaßen unterwürfigen Art vorgetragen, dass Frau Jäger stark irritiert ist. Ihrer Meinung nach hat sich der Koch »unter seiner Würde« verkauft und sich auf eine »Bettelstufe« gestellt.

Als Dank für den genehmigten Vorschuss lädt Herr Ali die Missionarin in seine bescheidene Hütte ein und gibt ein großzügiges Gastmahl, das seine Frau dienend ausrichtet. In scharfem Befehlston kommandiert er seine Frau und die sieben Kinder herum und benimmt sich wie ein »Haustyrann«. Das Bild der Missionarin von einer partnerschaftlichen Zusammenarbeit ist dadurch nachhaltig gestört.

Welche kulturspezifischen Gesichtspunkte hätte Frau Jäger berücksichtigen müssen, um die Kooperation mit Herrn Ali zu beiderseitiger Zufriedenheit weiterführen zu können?

- Lesen Sie nun die Antwortalternativen nacheinander durch.
- Bestimmen Sie den Erklärungswert jeder Antwortalternative für die gegebene Situation und kreuzen Sie ihn auf der darunter befindlichen Skala entsprechend an. Es ist möglich, dass mehrere Antwortalternativen den gleichen Erklärungswert besitzen.

■ Deutungen

a) Frau Jäger hätte wissen müssen, dass der muslimischer Koch in hierarchischen Strukturen denkt, glaubt und lebt. Partnerschaftliche Mitarbeit ist ihm fremd.

sehr zutreffend | eher zutreffend | eher nicht zutreffend | nicht zutreffend

b) Die Missionarin hat übersehen, dass in muslimischen Gesellschaften Männer eine dominante Rolle spielen.

sehr zutreffend | eher zutreffend | eher nicht zutreffend | nicht zutreffend

c) Der Stationskoch trennt problemlos die Pflichten aus seinem Dienstverhältnis von seinen privaten Anforderungen als Familienoberhaupt.

sehr zutreffend | eher zutreffend | eher nicht zutreffend | nicht zutreffend

– Versuchen Sie, Ihre Einstufung jeder Antwortalternative zu begründen. Halten Sie die Begründung in schriftlicher Form stichpunktartig fest.
– Lesen Sie nun die Erläuterungen zu jeder Antwortalternative durch und vergleichen diese mit Ihren eigenen Begründungen.

■ Bedeutungen

Erläuterung zu a):
Frau Jäger hat aus der Sicht ihrer eigenen sozialen Position eine Vorstellung von Rechten und Pflichten wie sie in Deutschland weitgehend verbreitet ist, das heißt in partnerschaftlichem Umgang mit den Mitarbeitern der Missionsstation Pflichten und Rechte zu klären und zu leben. Auch die Beschäftigung des muslimischen Kochs ist für sie ohne Bedenken, da sie Angehörigen

anderer Religionen gegenüber tolerant ist. Im Gegenteil ist die Kooperation bislang zu allseitiger Zufriedenheit verlaufen. Sie ist nur davon irritiert, dass Herr Ali bei seinem Ersuchen um Gehaltsvorschuss eine solch devote, geradezu »kriecherische« Haltung einnimmt. Doch in der Suaheli-Kultur ist eine horizontal gerichtete Kooperation, wie sie Frau Jäger vorschwebt, weitgehend unbekannt und nur unter »Gleichgeordneten« üblich. Die vertikale Ausrichtung im Verhältnis des Vorgesetzten zum Untergebenen, die begleitet ist von der Akzeptanz der Ungleichheit in dem vorherrschenden hierarchischen Modell von Familie, Betrieb, Kommunität und Gesellschaft ist wahrscheinlich für das Verhalten des muslimischen Kochs maßgeblich. Für ihn drückt sich die Anerkennung der großen Distanz zu Frau Jäger in seiner Haltung von »Unterwürfigkeit« aus. Unyenyekevu (dt.: Demut) ist in einem solchen Beziehungsverhältnis die wichtigste Verhaltensoption, die der Koch erbringen kann, um sich der Missionarin angemessen mitteilen zu können. Darüber hinaus scheint in diesem Fall der strenge muslimische Verhaltenskodex bis heute Geltung zu beanspruchen, der im Unterschied zum Christentum, das den Gleichheitsgrundsatz ideologiegeschichtlich gesehen aus dem Neuen Testament (Galaterbrief) vom theologisch gebundenen Kontext auf den politisch-bürgerlichen Kontext übertragen und erweitern konnte, keinen Unterschied zwischen der Haltung der Demut in religiösen Zusammenhängen und »weltlichen« Zusammenhängen macht. Wenn Frau Jäger diese kultur-religiöse Orientierung mit in Betracht gezogen hätte, wären ihr die Irritationen erspart geblieben.

Erläuterung zu b):
Diese Erklärungsalternative ist wenig wahrscheinlich, denn es handelt sich bei der Missionsstation um ein Terrain, in dem christliche Werte und westliches Lebensgefühl dominant sind. In Tansania ist die sunnitische Variante des Islam relativ liberal ausgestaltet und nimmt öffentlich kaum Anstoß an westlichen Einflüssen. Gleichzeitig hat aber der Islam die Dominanz tansanischer Männer in ihren Domänen bis heute nicht grundsätzlich in Frage gestellt. Die Politik des ehemaligen tansanischen Präsidenten Nyerere hat unter anderem den Erfolg gehabt, dass sich die

unterschiedlichen Religionen im Gegensatz zu anderen Regionen Afrikas nicht bekämpfen, sondern in ihren Besonderheiten respektieren und grundsätzlich als gleichwertig betrachten. Herr Ali weiß das auch zu berücksichtigen, kann sich aber nicht in seinem Verhalten den indirekten Forderungen der Missionarin nach Partnerschaft anschließen.

Erläuterung zu c):
Hier hat die Missionarin die irrige Vorstellung, dass der Koch seine devote Haltung auch im Familienzusammenhang beibehält. Doch für Herrn Ali ist es klar, dass sich die Autoritätsverhältnisse in dem Augenblick umkehren, wo er sich ethisch beauftragt sieht, als Familienoberhaupt seine Position einzunehmen. In der Schärfe seines Befehlstons, der von den anderen Familienangehörigen als völlig normal angesehen wird, da er positionsangemessen ist, vergewissert er sich seiner binnenfamilialen Leitungsfunktion und hat keine Probleme, dies auch nach außen – also vor seinem deutschen Gast – auszudrücken.

■ Beispiel 9: Fernbleiben vom Arbeitsplatz

■ Situation

Im Rahmen einer Feasibility-Studie, die im Auftrag eines deutschen Finanzinstituts erstellt werden soll, besucht ein zweiköpfiges Expertenteam die Zementfabrik »Saruji« in der Küstenregion Tansanias. Die Fabrik war vor 27 Jahren mit deutscher Hilfe errichtet worden und beliefert die gesamte Region mit dem notwendigen Baustoff. Grund für den Besuch ist die geringe Kapazitätsauslastung der Anlagen, die nur zu 20 % genutzt werden. Es soll mit dem Management der Zementfabrik ausgehandelt werden, welcher Art und Höhe die Kosten für ein Rehabilitationsprogramm im Rahmen der bilateralen Entwicklungszusammenarbeit sein könnten. Bei ihrer Ankunft werden die Experten mit einem festlichen Empfang geehrt. Als sie jedoch die Anlagen besichtigen wollen, stellen sie nach kurzer Recherche verwundert fest, dass seit drei Tagen die ohnehin geminderten Laufzeiten der

Maschinen fast völlig zum Erliegen gekommen sind. Auf Nachfrage gibt das Management an, dass zurzeit größere Lieferschwierigkeiten von Rohstoffen die Auslastung der Anlagen minimiert hätten und deshalb Teile der Belegschaft in zeitweilig bezahlten Urlaub geschickt worden seien. Diese Begründung überzeugt die angereisten Experten jedoch nicht.

Welche unausgesprochenen Gründe mögen für das gewohnheitsmäßige Fernbleiben von Teilen der Belegschaft ausschlaggebend sein?

– Lesen Sie nun die Antwortalternativen nacheinander durch.
– Bestimmen Sie den Erklärungswert jeder Antwortalternative für die gegebene Situation und kreuzen Sie ihn auf der darunter befindlichen Skala entsprechend an. Es ist möglich, dass mehrere Antwortalternativen den gleichen Erklärungswert besitzen.

■ Deutungen

a) Es handelt sich schlicht um Taktik: Das Management will eine günstige Verhandlungsposition gegenüber dem deutschen Expertenteam einnehmen.

sehr zutreffend	eher zutreffend	eher nicht zutreffend	nicht zutreffend

b) Umfangreiche Vorkehrungen für einen angenehmen Empfang der deutschen Delegation nehmen die Arbeitszeit von Teilen der Belegschaft in Anspruch.

sehr zutreffend	eher zutreffend	eher nicht zutreffend	nicht zutreffend

c) Die betriebliche Situation des Zementwerkes ist real schlechter als aus den vorliegenden Daten und Informationen des Managements ersichtlich.

sehr zutreffend	eher zutreffend	eher nicht zutreffend	nicht zutreffend

- Versuchen Sie, Ihre Einstufung jeder Antwortalternative zu begründen. Halten Sie die Begründung in schriftlicher Form stichpunktartig fest.
- Lesen Sie nun die Erläuterungen zu jeder Antwortalternative durch und vergleichen diese mit Ihren eigenen Begründungen.

■ Bedeutungen

Erläuterung zu a):
Diese Erklärungsalternative entspricht wohl am ehesten der Sichtweise der deutschen Experten. Wenn über eine Feasibility Studie festgestellt werden soll, wo und wie hoch die Bedarfe im Betrieb sind, um eine erfolgreiche Rehabilitation durchführen zu können, dann kann es durchaus sein, dass Probleme der Zulieferung mit Rohstoffen oder die Personallage besonders drastisch von der Empfängerseite aus dargestellt werden. Doch in dieser Situation ist wohl nicht so sehr die Verhandlungstaktik der Unternehmensführung maßgeblich. Andere, weniger durchsichtige Gründe sind wahrscheinlich entscheidender für die Abwesenheit zahlreicher Arbeiter.

Erläuterung zu b):
Je nach Rang einer Delegation – in diesem Fall gelten die Delegierten als ausgesprochen hochrangig – werden Empfänge (welcome parties) ausgerichtet, die einer umfangreichen Vorbereitung bedürfen. Da es sich um offizielle Gäste handelt, müssen Girlanden aus frischen Bougainvillea-Blüten für sie geflochten werden, um den nötigen Respekt gegenüber den Gästen auszudrücken. Mindestens eine Ziege oder ein Rind werden geschlachtet, Obst und Pilau-Reis müssen oftmals unter den schwierigen Bedingungen einer Mangelgesellschaft eingekauft und recht umständlich zubereitet werden, damit die Gäste und dazu sämtliche Mitarbeiter, die mit den Vorbereitungen beauftragt sind, satt werden und sich wohl fühlen. Satt zu sein als Vorbereitung für nachfolgende Gespräche ist in Ostafrika besonders wichtig, weil die Auffassung besteht, dass erst dann eine gute Arbeitsatmosphäre geschaffen ist, wenn die Verhandlungspartner hinsichtlich der

leiblichen Beköstigung auf dem gleichen Stand sind. Reden und kulturelle Darbietungen, besonders Tanz- und Trommel-Darbietungen (sw. ngoma), werden sorgfältig vorbereitet. Nicht zuletzt werden formelle Reden gehalten, die oftmals nichts mit dem Grund des Besuchs zu tun haben, der die Verhandlungspartner zusammengeführt hat, sondern eher dazu dienen, freundliche und warme Beziehungen aufzubauen, bevor es zur Sache geht. Vielfach sehen die Gastgeber es als nötig an, bestimmte Reparaturen vorzunehmen, damit die Gäste einen angenehmen Eindruck bei der Ankunft haben. Zur Durchführung all dieser Vorbereitungen, die in der Regel erst anlaufen, wenn die Delegation schon im Land ist, sind zahlreiche Aufwendungen notwendig. Zu diesem Zweck stehen in erster Linie die Mitarbeiter des Betriebs zur Verfügung. Kaum jemand käme in Ostafrika auf die Idee, dass diese Vorbereitungen nach außen zu verlagern wären, damit der betriebliche Ablauf möglichst ungestört bleibt. Der Betrieb gilt nämlich als ein der Familie (sw. Jamaa) ähnlich strukturiertes Gebilde reziproker Leistungen, hat also selbst für den Empfang von Gästen zu sorgen. Dieses kulturspezifische Konzept dürfte in seiner Handlungsauswirkung der wahrscheinlichste Grund für die hohe Abwesenheitsrate in der Zementfabrik sein. Deshalb braucht die Delegation nicht weiter beunruhigt zu sein.

Erläuterung zu c):
Die Erhebung verlässlicher betrieblicher Daten wirft in der Tat in Ländern wie Tansania oder auch Uganda, weniger jedoch in Kenia, erhebliche Probleme auf. Das mag damit zu tun haben, dass die kenianische Volkswirtschaft jahrzehntelang von britischen Fachkräften verwaltet worden ist und bis heute wird, während Tansania und Uganda politisch Wert darauf gelegt haben, dass die großen Unternehmen, die zum Aufbau des Landes einen wichtigen Beitrag leisten, nationalisiert werden, die Unternehmensleitungen also fast durchweg von politisch und ethnisch geeigneten Administratoren besetzt sind, die jedoch häufig weniger im Hinblick auf statistische Auswertungen qualifiziert sind. So kann es durchaus zu einer von Experten festzustellenden Differenz zwischen betrieblichen Abläufen und einer entsprechenden Dokumentation kommen. Derlei Differenzen sind freilich nicht auf

taktische Gründen der einheimischen Leitungsebene zurückzuführen.

■ Beispiel 10: Verteilung von Hilfsgütern

■ Situation

Der deutscher Experte, Frank Wüstefeld, arbeitet im Rahmen seiner Tätigkeit in der Entwicklungszusammenarbeit für eine halbstaatliche Entwicklungsgesellschaft. Er hat einen dreijährigen Vertrag als Projektleiter des Dorfentwicklungsprogramms in der Tanga-Region Nordosttansanias. Eine Missionsgesellschaft aus Deutschland bittet ihn, einen Container mit Kleidung, Schuhen und Medikamenten anzunehmen und an die Bedürftigen zu verteilen. Die deutschen Spender und die Missionsgesellschaft gehen davon aus, dass, wenn ein Deutscher vor Ort die Verteilung der Hilfsgüter vornimmt, die Spenden auch gerecht verteilt werden und »Unregelmäßigkeiten« vermieden werden. Die Medikamente gehen ans nahegelegene Krankenhaus, während Schuhe und Kleidung an Bedürftige im Wohnort des Mitarbeiters verteilt werden. Eine Mutter, die sieben Kinder zu versorgen hat, bittet nun den Experten um mehr Kleidungsstücke und Schuhe, als normalerweise zugeteilt werden. Der Deutsche reagiert verärgert und schickt die bittende Tansanierin weg, ohne ihrer Bitte zu entsprechen.

Als sein tansanischer Counterpart fünf Tage später zu Besuch kommt, erhält er von ihm zwei Paar gut erhaltene Schuhe, ohne danach gefragt zu haben. Die tansanische Mutter erfährt von dem Vorgehen Herrn Wüstefelds und zeigt sich sehr enttäuscht.

Was hätte der Experte bei der Verteilung beachten müssen?

– Lesen Sie nun die Antwortalternativen nacheinander durch.
– Bestimmen Sie den Erklärungswert jeder Antwortalternative für die gegebene Situation und kreuzen Sie ihn auf der darunter befindlichen Skala entsprechend an. Es ist möglich, dass mehrere Antwortalternativen den gleichen Erklärungswert besitzen.

■ Deutungen

a) Er hätte die Reihenfolge beachten sollen: erst die Frauen., dann die Armen, dann die Kranken, dann die Analphabeten.

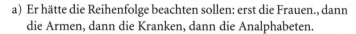

sehr zutreffend — eher zutreffend — eher nicht zutreffend — nicht zutreffend

b) Die Verteilung hätte besser durch den Dorfhäuptling vorgenommen werden sollen.

sehr zutreffend — eher zutreffend — eher nicht zutreffend — nicht zutreffend

c) Wer die Bedürftigen sind, können nur die feststellen, die aus dem Dorf selbst stammen. Daher sollte eine Verteilung nur in Kooperation mit den von der Dorfbevölkerung anerkannten tansanischen Ansprechpartnern durchgeführt werden.

sehr zutreffend — eher zutreffend — eher nicht zutreffend — nicht zutreffend

– Versuchen Sie, Ihre Einstufung jeder Antwortalternative zu begründen. Halten Sie die Begründung in schriftlicher Form stichpunktartig fest.
– Lesen Sie nun die Erläuterungen zu jeder Antwortalternative durch und vergleichen diese mit Ihren eigenen Begründungen.

■ Bedeutungen

Erläuterung zu a):
Viele Organisationen der Entwicklungszusammenarbeit stellen eine solche oder ähnliche Reihenfolge von Vergabekriterien auf. Jedoch sind diese oft an westlichen Maßstäbe orientiert und stoßen auf keinerlei Verständnis in der tansanischen Bevölkerung. Die Reihenfolge und Maßstäbe folgen aus europäischer Sicht einer Political Correctness, an die bestimmte Fördermittel gebun-

den sind. Die kinderreiche Mutter geht daher mit großer Wahrscheinlichkeit nicht von solch einer Reihenfolge aus. Für sie steht die Existenzsicherung der Familie im Vordergrund, die von dem Experten ihrer Meinung nach gesehen und beachtet werden müsste.

Erläuterung zu b):
Zunächst einmal ist die Annahme berechtigt, dass der Dorfhäuptling ursprünglich die Verteilung von Waren und Gütern nach seinen bewährten Gesichtspunkten vornimmt und deshalb bis heute ein wichtiger Ansprechpartner bei der Schlichtung von Streit, Rechtsfragen oder »Regenmachen« im Dorf ist. Das entspricht der tansanischen Tradition. Aber es nehmen die Häuptlinge heute nicht mehr in diesem Maße ihre traditionelle Herrschaftsfunktion wahr, da sich in der Übergangsgesellschaft Tansanias andere Strukturen in lokaler Verwaltung seit der Unabhängigkeit des Landes gebildet haben. Deshalb muss heute auf Dorfräte oder kollektive Repräsentanten zurückgegriffen werden. Oftmals finden sich jedoch Personen aus den Abstammungslinien der Häuptlinge auf Grund der ihnen zugeschriebenen Weisheit und Führungsqualität auch in hohen sozialen Positionen wieder.

Erläuterung zu c):
Das ist die wahrscheinlichste Erklärung, denn die tansanische Bevölkerung erwartet, dass sich die europäischen Partner in einem solchen Fall mit den vom Dorf (bzw. Stadtteil, Kirche oder Kommune) akzeptierten Entscheidungsträgern Kontakt aufnehmen, um diejenigen Menschen ausfindig zu machen, die aus tansanischer Sicht als Empfänger von Kleider- und Schuhspenden in Frage kommen. Als Berater hinsichtlich einer von der Bevölkerung akzeptierten Verteilung von Hilfsgütern stehen in den tansanischen Dörfern Vertreter der Parteien (sw. katibu kata), insbesondere der Regierungspartei CCM, die Diakoniebeauftragten der christlichen Gemeinden und die Gemeindeältesten (sw. wazee wa kanisa) zur Verfügung. Möglicherweise ist aber auch der muslimische Gemeindevorsteher anzusprechen. Allerdings erwarten die um Rat gefragten Entscheidungsträger in der Regel eine kleine Aufmerksamkeit für ihre Dienste.

■ Kulturelle Hintergründe zu Kooperation und Geschlechterrollen

Die Diskussion um Gleichstellungsfragen zwischen Mann und Frau stellt sich in Ostafrika anders als in Deutschland. Während in Deutschland weitgehend – besonders im öffentlichen Dienst, aber auch in der privaten Wirtschaft –Frauen zunehmend gleiche Arbeitschancen eingeräumt werden, sehen sich die meisten Frauen in Ostafrika mit anderen Problemen, zum Beispiel der Familienversorgung, konfrontiert. Zwar haben im Bankbereich Ostafrikas viele Frauen auch leitende Funktionen übernommen, weil man von ihnen erwartet, dass sie genauer mit Geld umgehen als die meisten Männer, jedoch ist Tansania weit davon entfernt, als Land zu gelten, in dem Männer und Frauen gleichberechtigt sind. Deutsche Fachkräfte stellen gern Frauen ein, weil auch sie die Erfahrung großer Verlässlichkeit weiblicher Counterparts in der projektbezogenen oder betrieblichen Zusammenarbeit gemacht haben. Es ist nur leider ziemlich schwierig, entsprechende weibliche Kräfte zu rekrutieren, weil es große Ungleichheiten zwischen Männern und Frauen im Bereich der Hochschulen und Universitäten gibt. Diese Ungleichheiten konnten bis heute nicht ausgeglichen werden, obwohl es zum Beispiel Frauenförderungsprogramme an der Universität Dar es Salaam gibt.

Zudem müssen deutsche Manager sich des Umstands bewusst sein, dass es sehr unterschiedliche ethnisch gebundene kulturelle Orientierungen zum Geschlechteraspekt gibt: So finden sich im Kagera-Distrikt (Victoriasee) matrilinear ausgerichtete Bevölkerungsgruppen und bei den um Morogoro herum wohnenden Luguru matriarchalische Strukturen. Zum Teil sind diese Strukturen in Auflösung begriffen und man kann auf Mischgesellschaften treffen, in denen teilweise matrilokale Strukturen neben patriarchalischen Mustern koexistieren.

Außerdem wird der Begriff der Geschlechtergleichheit in Ostafrika anders behandelt und verstanden als in Deutschland. Emanzipation in unserem Sinne kommt so gut wie nicht vor, da der Großteil der Bevölkerung mit der Existenzsicherung der erweiterten Familie beschäftigt ist. Gebildete Tansanier zum Beispiel interpretieren die Gleichheit zwischen Mann und Frau so, dass der Mann in erster Linie die außerfamilialen Geschäfte zu besorgen hat, während die Frau als Souverän in den Familienangelegenheiten anerkannt wird.

In ländlichen Gegenden müssen deutsche Fachkräfte allerdings noch weitgehend damit rechnen, dass es eine strikte Rollenteilung zwischen den Geschlechtern gibt. Rodungsarbeiten sind Männersache, Feldbestellung ist Frauensache. Wasserholen und Feuerholztragen obliegt den Mädchen und Frauen, die Jungen dagegen hüten Rinder und Ziegen. Insgesamt lassen sich Tendenzen feststellen, die eine höhere Gleichstellung der Frauen betreffen, wie beispielsweise an den steigenden Frauenquoten im Bildungsbereich zu sehen ist.

Themenbereich 4: Partizipation

Beispiel 11: Soziales Engagement am Arbeitsplatz

Situation

Alexander Köhler ist als Experte mit der Durchführung eines Biogasprojekts in der ländlichen Region bei Dodoma betraut. Mit seinen tansanischen Mitarbeitern hat er bereits 15 Biogasanlagen des chinesischen Typs erfolgreich an bäuerliche Betriebe verkaufen können. In einer Besprechung zusammen mit den Projektmitarbeitern meldet sich ein Tansanier zu Wort, der die Funktion des Public Relations-Officers (PRO) ausübt. Zum Erstaunen von Herrn Köhler führt derjenige aus, dass er einen Gehbehinderten kenne, der im örtlichen Krankenhaus eine Gehprothese benötige, sie aber nicht bezahlen könne. In einem Appell an die Teilnehmer der Mitarbeiterbesprechung verweist der PRO auf die gemeinsame Verantwortung gegenüber diesem Gehbehinderten und bittet um Unterstützung. Alle Projektmitarbeiter geben ihren Obulus, nur Herr Köhler argumentiert, er wolle sich an der Aktion nicht beteiligen, weil er zwar gern bereit sei, für Not leidende Mitarbeiter zu spenden, aber nicht für einen Mann, den er überhaupt nicht kenne. Herr Köhler lehnt folglich einen Beitrag ab, doch er wundert sich, dass seine Anerkennung als Biogasexperte im Team gesunken ist.

Was hat Herr Köhler nicht bedacht, als er einen Beitrag für den Gehbehinderten ablehnte?

- Lesen Sie nun die Antwortalternativen nacheinander durch.
- Bestimmen Sie den Erklärungswert jeder Antwortalternative

für die gegebene Situation und kreuzen Sie ihn auf der darunter befindlichen Skala entsprechend an. Es ist möglich, dass mehrere Antwortalternativen den gleichen Erklärungswert besitzen.

■ Deutungen

a) Herr Köhler hat übersehen, dass der PRO nicht nur in seiner Projektfunktion, sondern auch als Mensch mit Sozialverpflichtungen Geltung beansprucht.

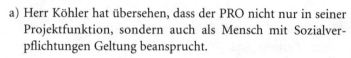

| sehr | eher | eher nicht | nicht |
| zutreffend | zutreffend | zutreffend | zutreffend |

b) Herr Köhler hätte besser argumentieren müssen, dann wäre seine Ablehnung eines Beitrags für den Gehbehinderten einleuchtender gewesen.

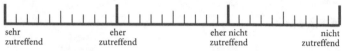

| sehr | eher | eher nicht | nicht |
| zutreffend | zutreffend | zutreffend | zutreffend |

c) Herr Köhler sollte am besten schweigen, weil es sich in diesem Fall um eine kulturspezifische Regelung sozialer Absicherung handelt, die die Tansanier besser unter sich klären.

| sehr | eher | eher nicht | nicht |
| zutreffend | zutreffend | zutreffend | zutreffend |

– Versuchen Sie, Ihre Einstufung jeder Antwortalternative zu begründen. Halten Sie die Begründung in schriftlicher Form stichpunktartig fest.
– Lesen Sie nun die Erläuterungen zu jeder Antwortalternative durch und vergleichen diese mit Ihren eigenen Begründungen.

Bedeutungen

Erläuterung zu a):
Herr Köhler hat sicherlich Recht, wenn er sich mit der Anfrage des PRO auseinandersetzt, für einen Gehbehinderten zu spenden. Denn seiner Meinung nach müsste es eigentlich darum gehen, auf jeden Fall Menschen zu unterstützen, die aus demselben Arbeitsfeld kommen oder dem Kollegenkreis angehören. Befremdet ist Herr Köhler, dass die Anfrage des PRO eine Person betrifft, die aus einem völlig anderen Bereich kommt und eine von ihm nicht einzuschätzende Beziehung zu dem Bittsteller hat. Herr Köhler tendiert eher dazu, seine Spendenwilligkeit auf Personen in Notsituationen zu beschränken, die mit seinem Arbeitsfeld zu tun haben. Für den PRO sieht das allerdings völlig anders aus. Seine Funktion ermächtigt ihn, die Frage der Unterstützung von einzelnen Personen in Not aufzuwerfen und zur Sache aller Versammelten zu machen. Auch wenn die zu unterstützende Person keine Arbeitsbeziehung zu dem PRO hat, so ist sie dennoch ihm als Menschen so eng verbunden, dass diese Beziehung wiederum von den anderen Mitgliedern des Kollegiums als eine Verpflichtung gesehen wird, die auch sie angeht. Dabei ist es egal, ob es eine Sachbezogenheit zum Tätigkeitsfeld gibt oder nicht. Herr Köhler stellt sich also durch seine Ablehnung der Hilfeleistung außerhalb der Sozialgemeinschaft Betrieb. Er erkennt den PRO nur in seiner Funktion an und übersieht damit den Menschen mit seinen anerkannten sozialen Verpflichtungen.

Erläuterung zu b):
Herr Köhler weiß natürlich, dass er in Deutschland Menschen dadurch überzeugen kann, dass er seine Argumentation transparent, stringent und logisch aufbaut. Er hätte sicherlich gute Chancen gehabt, in einem deutschen Betrieb zu überzeugen und andere mit auf seine Seite zu ziehen. Er ist sich weiterhin klar darüber, dass das soziale Netz und die Gesetzgebung in Deutschland Gehbehinderte ohne Weiteres unterstützen können. Aber die Counterparts in dem Biogasprojekt sehen das anders. Argumentieren hat bei ihnen keine Funktion, der Begriff »Argument« hat in der Landessprache Swahili nicht einmal eine

Entsprechung. Es kommt den ostafrikanischen Biogasexperten nicht auf das Argumentieren an, sondern primär auf den hohen Wert der gegenseitigen Hilfeleistung. Da Organisationen wie dieses Projekt nach dem Modell der Familie verstanden werden, die die Positionen ihrer Mitglieder in wechselseitiger Verpflichtung definieren, muss davon ausgegangen werden, dass Herr Köhler sich mit seiner argumentierenden und schließlich ablehnenden Haltung als Mitglied dieser Familie isoliert. Denn die Geltung gegenseitiger Hilfeleistung hat die Verpflichtung eines jeden Einzelnen zur Folge, seinen Beitrag zu leisten.

Erläuterung zu c):
Herr Köhler weiß aus seiner Arbeitserfahrung in Tansania, dass Projekte dann Erfolg haben können, wenn der von außen kommende Experte zunächst einmal das Umfeld anschaut, beobachtet und ohne vorschnelles Urteil in sich aufnimmt. In diesem Fall der Unterstützung eines Gehbehinderten, der von dem GTZ-Experten als projektfremd eingestuft wird, entspräche sein Schweigen durchaus den kulturellen Erwartungen, welche die Tansanier an den deutschen Experten stellen. Allerdings trägt Herrn Köhlers Verhalten nichts Positives für die Harmonie im Projekt bei, wenngleich dadurch negative Effekte zumindest vermieden werden können. Doch hätten die Tansanier von Herrn Köhler erwartet, dass er als ihr Chef in dieser Sache seine menschlich-paternalistische Seite zeigt, indem er in Solidarität mit dem PRO und seinem Bekannten handelt. Das hätte mit Sicherheit einen positiven Schub für die Etablierung angenehmer Beziehungen in dem Biogasprojekt zur Folge gehabt.

■ Beispiel 12: Entscheidungen treffen

■ Situation

Die Delegation einer niedersächsischen UNESCO-Schule, die seit sieben Jahren regelmäßige Kontakte nach Kenia unterhält, besucht ihre Partnerschule in Kisumu am Viktoriasee, um über die Verwendung von Geldmitteln zu beraten. Die Mittel sind über Basare und sonstige Aktivitäten von Lehrern und Schülern hereingekommen. Die deutschen Sponsoren favorisieren den Bau einer Maismühle, die tansanischen Gastgeber, Schulleiter und stellvertretender Schulleiter, möchten lieber das Geld für Lehrergehälter und Schulverpflegung ausgeben. Der deutsche Delegationsleiter – gleichzeitig ist er auch noch Kassenwart des Fördervereins der UNESCO-Partnerschaft – macht noch einmal deutlich, dass es nach Ansicht der Deutschen für die Schule besser sei, den Bau einer Maismühle zu projektieren als kurzfristig die Versäumnisse der Regierung auszubügeln. Im Übrigen liege eine langfristige Orientierung im Interesse der Schule, da sich durch den Betrieb einer Maismühle die Ertragslage der Schule nachhaltig verbessern lasse. Nach mehreren zähen Einzelgesprächen und Meetings einigt man sich darauf, das Geld für das Maismühlenprojekt anzuweisen. Über die Uneinsichtigkeit der kenianischen Partner, die ihre ureigensten Interessen nicht erkennen wollen oder können, wird noch lange in der deutschen Delegation diskutiert. Hatte man nicht alles versucht, die kenianische Seite in einem partnerschaftlichen Austausch der Ideen an der Entscheidungsfindung zu beteiligen? Bei den Delegationsmitgliedern bleibt jedoch ein unangenehmes Gefühl zurück.

Welche Hintergrundinformationen fehlte den deutschen Delegationsmitglieder, damit eine für beide Seiten befriedigende Beteiligung an der Geldmittelvergabe gewährleistet worden wäre?

– Lesen Sie nun die Antwortalternativen nacheinander durch.
– Bestimmen Sie den Erklärungswert jeder Antwortalternative für die gegebene Situation und kreuzen Sie ihn auf der darunter befindlichen Skala entsprechend an. Es ist möglich, dass mehrere Antwortalternativen den gleichen Erklärungswert besitzen.

■ Deutungen

a) Die Versorgungsnotwendigkeiten für die Familien der kenianischen Lehrer haben Vorrang vor schulischen Projekten.

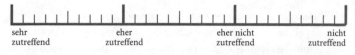

| sehr | eher | eher nicht | nicht |
| zutreffend | zutreffend | zutreffend | zutreffend |

b) Die Form der Mitbestimmung, so wie sie die deutschen Delegierten verstehen, wird von den kenianischen Counterparts als Fremdbestimmung empfunden.

| sehr | eher | eher nicht | nicht |
| zutreffend | zutreffend | zutreffend | zutreffend |

c) Ein frühzeitiger informeller Interessenaustausch über die Zweckgebundenheit der Mittelvergabe hätte bereits im Vorfeld die Situation entschärfen können.

| sehr | eher | eher nicht | nicht |
| zutreffend | zutreffend | zutreffend | zutreffend |

– Versuchen Sie, Ihre Einstufung jeder Antwortalternative zu begründen. Halten Sie die Begründung in schriftlicher Form stichpunktartig fest.
– Lesen Sie nun die Erläuterungen zu jeder Antwortalternative durch und vergleichen diese mit Ihren eigenen Begründungen.

■ Bedeutungen

Erläuterung zu a):
Schon lange hatte man sich in der deutschen UNESCO-Schule auf ein gemeinsames Kleinprojekt der Entwicklungszusammenarbeit im Rahmen der Schulpartnerschaft geeinigt. Es war nicht einfach gewesen Kollegen, Eltern und Schüler davon zu überzeugen, dass es sich um ein Basic-Needs-Projekt handeln sollte, um die Selbstversorgung der Schule im städtischen Bereich von Kisumu zu erhöhen. Durch die politischen und wirtschaftlichen Probleme in Ruanda, Burundi und Uganda ist die Grenzstadt Kisumu verstärkt von den Hauptrouten des Landes abgeschnitten. Die Schulen sind umso mehr gefordert, die Versorgung in die eigenen Hände zu nehmen. Doch das Kollegium der Sekundarschule in Kisumu sieht das ganz anders. Für die tansanischen Kollegen ist der Verwen-

dungszweck für die in Aussicht gestellten Gelder der Partnerschule an andere Bedürfnisse geknüpft als von der deutschen Delegation vorgeschlagen. Denn sie müssen ihre Familien in einer Situation durchbringen, in der sich die Versorgungsbedingungen im Kisumu-Distrikt immer weiter verschlechtern. Die Versorgung der Familien hat für sie höchsten Rang. Das ist offenbar für die Deutschen nicht einsehbar, da sie nicht nachvollziehen können, dass staatliche Beamte von der Regierung monatelang keine Gehälter ausgezahlt bekommen. In diesem Fall fehlt der Delegation ganz offensichtlich die Kenntnis, dass es hier für viele um das Überleben in einer Krisenregion geht und nicht verhandelbare Werte berührt sind, für deren Erfüllung das Geld dringend benötigt wird.

Erläuterung zu b):
Vermutlich ist es der Fall, dass die kenianischen Partner keine größeren Erfahrungen mit den Implikationen von Mitbestimmung und partizipatorischer Entscheidungsfindung haben, die in der entwicklungspolitischen Diskussion Deutschlands weitgehend selbstverständlich sind. Es ist den Kenianern allerdings klar, dass es bei einer Geldmittelvergabe um einen handfesten Interessenkonflikt zwischen den deutschen Gebern und den kenianischen Empfängern geht. Eigentlich hätte es so sein müssen, dass die Interessen der kenianischen Seite in erster Linie Berücksichtigung finden. Denn dies entspräche dem üblichen Verfahren, die kenianische Seite souverän über die Zwecke der finanziellen Zuschüsse bestimmen zu lassen. Doch machen hier die Kenianer die schmerzliche Erfahrung, dass die Verwendung des in Aussicht gestellten Geldes mit allem Nachdruck für den Bau einer Maismühle vorgesehen wird, deren Bedarf sie gar nicht angemeldet haben. Sie müssen damit rechnen, dass entweder Zahlungen ausbleiben, wenn sie auf ihrem Standpunkt bestehen, oder nolens volens den deutschen Interessen zustimmen und damit eine Maismühle erhalten, der sie bestenfalls den zweiten Rang in der Bedarfsfeststellung für die Schule einräumen würden. So stimmen die Kenianer dem Maismühlenprojekt zwar zu, weil sie sich die weitere Zusammenarbeit mit der deutschen UNESCO-Schule nicht verbauen wollen, fühlen sich aber in ihrem Gefühl bestätigt, dass sie von den Geldgebern letztlich fremdbestimmt worden sind.

Erläuterung zu c):
Bei der Geldmittelvergabe wird auf deutscher Seite oft der Fehler gemacht, dass zwar in Deutschland Mehrheiten für ein bestimmtes Projekt demokratisch eingeholt werden. Jedoch wird den Empfängerorganisationen zu wenig Zeit gelassen, ihre ureigensten Interessen zu formulieren. In der Regel haben die familiären Belange der Kollegen und der Schulleitung eindeutigen Vorrang vor der schulöffentlichen Beschaffung von Unterrichtsmitteln und Einrichtungsgegenständen. So ist es also in diesem Fall nachvollziehbar, dass nicht nur die Grundversorgung der Lehrerfamilien in den Vordergrund rückt, sondern auch der Familienbezug der deutschen Fördermaßnahmen noch deutlich werden muss. Eine Lösung des Interessenkonflikts könnte darin bestehen, dass sich beiden Seiten bereits im Vorfeld des Partnerschaftsbesuchs darüber verständigen, ob nicht ein Teil der Mittel für eine Maismühle und ein anderer für die familienbezogenen Angelegenheiten vorgesehen wird. Eine Verhandlungslösung hätte die unterschiedlichen Interessenlagen beider Seiten im Auge. Der Besuch der UNESCO-Delegation aus Deutschland wäre auch nicht von einem zäh und unbefriedigend verlaufenen Entscheidungsfindungsprozess belastet worden, der letztlich im Ergebnis die Deutschen als »Sieger« und die Kenianer als »Besiegte« zurücklässt.

■ Beispiel 13: Eine Konferenz vorbereiten

■ Situation

Mit recht gutem Erfolg hat DaimlerChrysler von Kenia aus den ostafrikanischen Markt mit Limousinen der gehobenen Klasse beliefern können. Die Verkäufe in der Sparte Geländefahrzeuge sind wegen der überstarken Konkurrenz durch neue Modelle von Landrover und Mitsubishi nicht über zwei Fahrzeuge pro Monat gestiegen. Frau Sanders, Personalleiterin von DaimlerChrysler in Mombasa (Kenia), beruft deshalb ein Meeting der Mitarbeiter ein, das dazu dienen soll, Entscheidungen darüber zu treffen, welche Schritte auf der Basis zielorientierter Projektplanung unternommen werden müssen, um den kenianischen Markt für das neue Modell des Geländewagens systematisch zu erschließen.

Die Sitzung beginnt um 14 Uhr und endet gegen 18 Uhr. Frau Sanders gelingt es nur, drei der acht in der Tagesordnung vorgesehenen Themen zur Beschlussfassung zu bringen. Sie schafft es nicht, die kenianischen Kollegen zu einer zügigeren Diskussion über die zu beschließenden wichtigen Angelegenheiten zu bringen. Die Personalleiterin ist irritiert und befremdet darüber, dass innerhalb von vier Stunden so wenig erarbeitet worden ist.

Welche Gründe könnten für das Ergebnis des Meetings verantwortlich sein?

- Lesen Sie nun die Antwortalternativen nacheinander durch.
- Bestimmen Sie den Erklärungswert jeder Antwortalternative für die gegebene Situation und kreuzen Sie ihn auf der darunter befindlichen Skala entsprechend an. Es ist möglich, dass mehrere Antwortalternativen den gleichen Erklärungswert besitzen.

■ Deutungen

a) Der Führungsstil von Frau Sanders ist nicht kulturangemessen und zu stark nach Effektivitätsgesichtspunkten ausgerichtet.

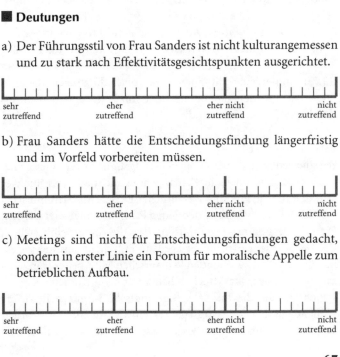

| sehr zutreffend | eher zutreffend | eher nicht zutreffend | nicht zutreffend |

b) Frau Sanders hätte die Entscheidungsfindung längerfristig und im Vorfeld vorbereiten müssen.

| sehr zutreffend | eher zutreffend | eher nicht zutreffend | nicht zutreffend |

c) Meetings sind nicht für Entscheidungsfindungen gedacht, sondern in erster Linie ein Forum für moralische Appelle zum betrieblichen Aufbau.

| sehr zutreffend | eher zutreffend | eher nicht zutreffend | nicht zutreffend |

- Versuchen Sie, Ihre Einstufung jeder Antwortalternative zu begründen. Halten Sie die Begründung in schriftlicher Form stichpunktartig fest.
- Lesen Sie nun die Erläuterungen zu jeder Antwortalternative durch und vergleichen diese mit Ihren eigenen Begründungen.

■ Bedeutungen

Erläuterung zu a):
Frau Sanders hat wahrscheinlich die Vorstellung, dass ein Meeting dazu da ist, eine bestimmte Tagesordnung abzuarbeiten. Es ist zwar nicht verkehrt, das Meeting in ihrer Funktion als Personalleiterin der DaimlerChrysler-Niederlassung einzuberufen und auch die Tagesordnungspunkte festzulegen. Insofern ist ihr Führungsstil, so weit er hier an dem konkreten Beispiel deutlich wird, nicht das Hauptproblem. Doch kommt es offenbar Frau Sanders darauf an, in einer nach deutschen Maßstäben angemessenen Zeit acht Tagesordnungspunkte zur Entscheidungsreife zu bringen. Das gilt in ihren Augen als effektiv. Effektivitätsgesichtpunkte spielen aber in Ostafrika eine völlig untergeordnete Rolle. Wenn überhaupt von Effektivität gesprochen werden kann, dann im Zusammenhang mit einer Reihe von Bedingungen, die es in Ostafrika zu bedenken gibt, die aber von Frau Sanders nicht ins Kalkül gezogen worden sind.

Erläuterung zu b):
Bei solch entscheidenden Fragen, wie die Einführung eines neuen Geländewagenmodells in Kenia, geht es nicht an, dass nur vier Stunden für die Findung wesentlicher Entscheidungen hinsichtlich der Markteinführung des neuen Fahrzeugs angesetzt werden. Frau Sanders hätte wissen müssen, dass die von ihr einbestellten Ressortleiter längerfristig Vorlagen zur Entscheidungsfindung erhalten müssen. Die leitenden kenianischen Mitarbeiter wären somit in der Lage, Marktrecherchen vorzunehmen, neue Käuferschichten, wie die finanzkräftige indische Minderheit, zu erschließen und Verkaufsstrategien zu entwickeln. Ideen im Vorfeld von Entscheidungen und Beschlüssen, die nach kulturellen Ori-

entierungen der Ostafrikaner im Konsens gefasst werden, werden in der Regel im Vorfeld eines formellen Treffens ausgetauscht. Meetings oder Betriebsbesprechungen auf Leitungsebene können auf diese Weise durchaus im vorgesehenen Zeitrahmen erfolgreich durchgeführt werden.

Erläuterung zu c):
Diese Erklärungsalternative beruht auf Erfahrungen, die Fach- und Führungskräfte in Ostafrika immer wieder gemacht haben. Es geht bei formellen Meetings nicht so sehr darum, einen offenen Meinungs- und Ideenaustausch zu unternehmen, oder gar die Teilnehmenden einzeln nach ihren Entscheidungen, Aktivitäten oder Intentionen zu befragen. Es ist auch nicht üblich, dass man während des Meetings zu Entscheidungen in einem Diskussionsprozess gelangt, vielmehr haben Meetings dort die Funktion, zunächst einmal die Mitarbeiter darüber zu informieren, welcher Stand der Unternehmenstätigkeit im Augenblick erreicht ist. Vorher bereits getroffene betriebliche Entscheidungen können dann im Rahmen des Meetings auf ritualisierte Weise abgestimmt werden. Zur Motivierung der einzelnen Mitarbeiter trägt bei Meetings bei, wenn die Leistungsmoral durch Appelle an die Belegschaft gestärkt wird. Meetings sind bei Ostafrikanern auch deshalb besonders beliebt, weil sie während der Arbeitszeit abgehalten werden, gleichzeitig aber auch den sozialen Bedürfnissen der Mitarbeiter entgegenkommen. Diese für westliche Führungskräfte ungewöhnliche Ausgestaltung hat ihren Hintergrund in der »High-Kontext-Culture«, in der die persönlichen Beziehungen der Mitarbeiter untereinander einen indirekten Austausch zu den Angelegenheiten möglich machen, die zur Entscheidung anstehen. Es bedarf in einer solchen Kultur dann nur noch eines geringen Informationsinputs, um Entscheidungen beschlussreif zu machen.

■ Kulturelle Hintergründe zu Partizipation

Fach- und Führungskräfte müssen davon auszugehen, dass sich Art und Ebene von Entscheidungen in allen Ländern Ostafrikas wesentlich auf dem Hintergrund stark kollektivistisch geprägter und streng vertikal-hierarchisch ausgerichteter Gesellschaftsstrukturen zeigen. Dem entsprechen in der Regel auch die Strukturen von Betrieben, Organisationen und Projekten, sollen sie nicht als kulturelle Fremdkörper aufgefasst werden. Besonders virulent ist deshalb die Frage, von wem Entscheidungen ausgehen und wer für das Gelingen oder Misslingen verantwortlich zeichnet. Eindeutige Erwartungen der Ostafrikaner gehen dahin, dass der Vorgesetzte oder die Führungskraft eines Bereichs für aktuelle und langfristige Entscheidungen mit ihren Folgen die volle Verantwortung trägt. Diese Verantwortung lässt sich anders als in deutschen Organisationen nicht an untergeordnete Ebenen delegieren. Die Richtung von Entscheidungen verläuft top-down und weist im Rahmen von Abteilungsverantwortlichkeiten nicht von unten nach oben. Oft sind Führungs- und Fachkräfte verwundert, dass ihre Mitarbeiter sehr zögerlich sind, in unvorhergesehenen Situationen Entscheidungen selbst zu treffen. Auch wenn mitarbeitende ostafrikanische Counterparts Entscheidungskompetenzen zugewiesen bekommen haben, erwarten sie in der Regel, dass sich die deutsche Führungskraft bereithält, auch Entscheidungen geringer und mittlerer Reichweite bindend zu treffen. Nur in den seltensten Fällen kann deshalb die Zurückhaltung der Mitarbeiter so interpretiert werden, dass es sich um »Unselbstständigkeit« handelt, wenn alle betrieblichen Entscheidungen nach oben verlagert werden.

In den 1980er Jahren hat die so genannte Zielorientierte Projektplanung (ZOPP) in die Entwicklungszusammenarbeit Einzug gehalten. Entscheidungen werden hier von allen Projektmitarbeitern vorbereitet. Nach den Vorstellungen deutscher Projektplaner definiert ZOPP realistische und klar definierte Projektziele, die auf längere Sicht gelten sollen. Kommunikationsfluss und Kooperation zwischen Projekt, Zentralbüro und der Counterpart-Organisation werden dem Anspruch nach durch ZOPP verbessert, Hauptverantwortlichkeiten der Projektteams werden deutlich gemacht und Indikatoren als Basis für Monitoring und Evaluation für alle Beteiligten transparent festgelegt. ZOPP will damit spezifischen Werteorientierungen, die den Angehörigen beider Kulturen wichtig sind, Rechnung tragen. Im Schwerpunktland für Entwicklungszusammenarbeit, Tansania, stehen die meisten Counterparts den ZOPP-Treffen grundsätzlich positiv gegenüber. Zum einen, weil das Bedürfnis nach sozialen Zusammenkünften – besonders während der Arbeitszeit – befriedigt werden kann, zum anderen weil die Prozeduren um Entscheidungsfindungen auf indirekte Weise durchgeführt werden. Es wird mit Karten und Stecktafeln gearbeitet. Direkte Konfrontationen bei der Vorbereitung von zielbezogenen Entscheidungen werden so vermieden. Doch sollten sich deutsche Projektleiter auch der Gefahren bewusst sein, die eine solche partizipatorische Methode der Entscheidungsfindung beinhaltet, wenn sie in einem fremden kulturellen Kontext angewendet wird. Zunächst ist es äußerst wichtig, eine vertrauensvolle Atmosphäre zu schaffen, die dazu geeignet ist, dass die ostafrikanischen Mitarbeiter auch ihre Meinungen vor den anderen Beteiligten offen legen. Ansonsten ist damit zu rechnen, dass Lippenbekenntnisse gegeben werden, da ein harmonischer Austausch von Meinungen den hohen Wert des Gruppenkonsenses erhöht, während konkurrierende Meinungen, die im Raum stehen, bei Ostafrikanern sehr oft Unbehagen hervorrufen. Zum anderen weisen tansanische Teilnehmer an ZOPP-Treffen darauf hin, dass die deutschen Projektmitarbeiter sehr gut vorbereitet zu den Treffen anreisen und so bei den tansanischen Mitarbeitern der Eindruck entsteht, die Entscheidungen seien schon weitgehend prädeterminiert, so dass sie nur noch zuzustimmen hätten. Folglich ist es auf Seiten der deutschen Führungskräfte erforderlich, vor dem Fällen von Entscheidungen der tansanischen Seite genügend Input und Vorbereitungszeit zu geben.

Wenn es um Rahmenentscheidungen von privaten oder entwicklungspolitischen Führungskräften geht, dann sollten weitere Gesichtspunkte hinsichtlich der Identifizierung, Formulierung und Durchführung Beachtung finden: Es gilt einzuschätzen, welche Nachhaltigkeit ein Projekt haben soll und kann, sobald der Mittelfluss und der technische und personale Experten-Input ausläuft.

Um einen vertretbaren Erfolg eines Projekts in Ostafrika wahrscheinlich zu machen, sollte bereits während der Identifizierungsphase geprüft werden, ob es mit den kulturellen Orientierungen des Empfängerlandes in Einklang steht und zu den Strategien der Counterpart-Organisation passt. Dazu gehört eine Recherche über die Gründe von Erfolg und Misserfolg früherer, ähnlich gerichteter Projekte in der Region. Bei der Formulierung von Entscheidungen über Projektziele sollte nicht so sehr die Sachlogik im Vordergrund stehen, sondern die Kapazitäten der beteiligten Menschen und Institutionen als Bedingungen für das Erreichen der erstrebten Ziele. Daraus folgt, dass die Projektressourcen überwiegend im dem Zielland liegen sollten, um die Abhängigkeit von ohnehin temporärer Hilfe aus Deutschland zu verringern. Eine ähnliche Überlegung betrifft die Lösung operationaler Probleme: Der Import kulturfremder Lösungen kann nur sehr begrenzt absorbiert werden. Es gilt daher, dass Führungskräfte gut beraten sind, wenn sie die im Projektbereich wohnenden Menschen, die ein Interesse an der Fortführung eines zeitlich begrenzten Projekts haben, frühzeitig mit einbeziehen. Unter Berücksichtigung solcher ausgewählter Überlegungen zu Projektentscheidungen besteht eine größere Chance, dass das Projekt, so weit es über kulturangemessene, eher menschenorientierte als sachbezogene Entscheidungen bestimmt ist, nachhaltig weiterbesteht.

Themenbereich 5: Motivation

Beispiel 14: Umgang mit Gehaltsforderungen

Situation

Die Vertretung eines Pharmakonzerns in Dar-es-Salaam schickt drei tansanische Mitarbeiter der Einkaufsabteilung zu einer sechswöchigen Fortbildung im Bereich Computer-Software nach Nairobi. Nach ihrer Rückkehr suchen sie die deutsche Abteilungsleiterin, Frau Heisig, auf, um sich bei ihr nach einer Gehaltserhöhung zu erkundigen. Frau Heisig reagiert entsetzt, weil die drei Computerfachleute neben ihrer kostenintensiven betrieblichen Fortbildung auch noch eine zwanzigprozentige Gehaltserhöhung fordern. Sie erklärt ihnen, dass die Fortbildung an sich schon ein Bonus sei, und lehnt die Forderung ab. Um seiner Gehaltsforderung Nachdruck zu verleihen, berichtet Herr Kussaga, dass er von der Firma, in der sein Bruder arbeitet, ein attraktives Stellenangebot erhalten habe, das doppelt so gut bezahlt werde wie seine jetzige Stelle. Doch Frau Heisig geht darauf nicht ein, sondern stellt es Herrn Kussaga frei, diese Chance wahrzunehmen. Trotz des verlockenden Angebots, in die Firma seines Bruders zu wechseln, bleibt Herr Kussaga schließlich bei der Pharmakonzern-Vertretung in Dar-es-Salaam.

Welche Gründe bewegen Ihrer Meinung nach Herrn Kussaga, seine Stelle nicht zu wechseln?

- Lesen Sie nun die Antwortalternativen nacheinander durch.
- Bestimmen Sie den Erklärungswert jeder Antwortalternative für die gegebene Situation und kreuzen Sie ihn auf der darunter befindlichen Skala entsprechend an. Es ist möglich, dass

mehrere Antwortalternativen den gleichen Erklärungswert besitzen.

■ Deutungen

a) Herr Kussaga weiß, dass er bei der Firma seines Bruders nicht so viel Freizeit hätte und verzichtet daher auf das höhere Gehalt.

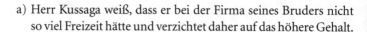

| sehr zutreffend | eher zutreffend | eher nicht zutreffend | nicht zutreffend |

b) Herr Kussaga fühlt sich zwar durch die Worte Frau Heisigs sehr verletzt, bleibt aber trotzdem, weil er sich für die Firma verantwortlich fühlt.

| sehr zutreffend | eher zutreffend | eher nicht zutreffend | nicht zutreffend |

c) Die gute Teamarbeit mit seinen Kollegen möchte Herr Kussaga nicht missen. Er bleibt deshalb bei der Firma.

| sehr zutreffend | eher zutreffend | eher nicht zutreffend | nicht zutreffend |

– Versuchen Sie, Ihre Einstufung jeder Antwortalternative zu begründen. Halten Sie die Begründung in schriftlicher Form stichpunktartig fest.
– Lesen Sie nun die Erläuterungen zu jeder Antwortalternative durch und vergleichen diese mit Ihren eigenen Begründungen.

■ Bedeutungen

Erläuterung zu a):
Diese Antwort mag zwar auf deutsche Verhältnisse zutreffen und in der Abwägung zwischen Verdienst und freier Zeit eine Rolle spielen, trifft jedoch auf tansanische Verhältnisse kaum zu. Freizeit, in der Weise wie wir sie in der westlichen Welt kennen, um

private Vorlieben, Sport, Theater oder Ähnliches zu pflegen, ist weitgehend unbekannt. Es gibt nicht einmal ein entsprechendes Wort auf Swahili. Vielmehr wird es aus dem Englischen übernommen (leisure time) und hält Einzug in den urbanen Zentren in Form von amerikanisierten Fitness- und Freizeitcentern. Diese werden jedoch weniger von den Einheimischen genutzt als von zugezogenen Europäern und neuerdings weißen südafrikanischen Geschäftsleuten.

Sich eine andere Arbeitsalternative über verwandtschaftliche Beziehungen zu besorgen, ist zwar eine kulturadäquate Verhaltensweise – und durchaus sehr erfolgreich: Es gibt den Begriff »ndugu-ziaton«, der dem hierzulande bekannten Begriff »Nepotismus« nahe kommt. Es gibt eine Verpflichtung unter Verwandten einer Familie, anderen einen Job zu verschaffen, sobald man selbst in einer Position ist, die einem diese Freiheit gewährt. Daher muss sich eine deutsche Führungskraft darüber klar sein, dass bei Personalvorschlägen von tansanischer Seite für bestimmte Tätigkeiten Verwandtschaftsbeziehungen üblicherweise Vorrang vor Kompetenz haben. Insofern ist die indirekte Äußerung von Herrn Kussaga, eventuell eine höher dotierte Stelle in der Firma seines Bruders anzunehmen, sehr ernst zu nehmen. Dass Herr Kussaga sich dennoch für den Verbleib entscheidet, liegt wahrscheinlich an dem hohen Bindungsgrad, den er gegenüber seiner Firma aufgebaut hat.

Erläuterung zu b):

Zweifellos hat das Angebot von Frau Heisig, Herr Kussaga könne doch die Stelle wechseln, wenn er wolle, eine große Verletzung hervorgerufen. Dass es unter Beachtung der Kündigungsfristen einem Angestellten frei gestellt ist, seinen Job zugunsten eines besseren Angebotes zu wechseln, ist zwar in Deutschland durchaus üblich und nachvollziehbar, in Tansania jedoch eher die Ausnahme. Vielmehr ist es so, dass Herr Kussaga sich innerlich der Firmenleitung so weit verbunden sieht, dass er auch in kritischen Situationen zu seiner Firma hält. Firmen und Betriebe in Tansania sind bis heute nach dem Modell der *Jamaa*, der erweiterten Familie, gebildet. Das heißt, die Betriebsleitung steht in einer paternalistischen oder maternalistischen Beziehung zu den Mitarbeitern. Aus diesem Grund ist es unpassend, wenn die Leitung einem Mitarbeiter die Entscheidung überlässt, aus seinem »Familienverband« nur auf Grund einer individuell besseren Arbeitsmarktchance auszusteigen. Herr Kussaga ist vielmehr von einer Haltung des Respekts und hoher Loyalität gegenüber der Firma geprägt und möchte dies auch von seinen Vorgesetzten verstanden und gewürdigt haben. Verantwortungsgefühl und Bindungsgrad gegenüber dem Sozialverband Betrieb spielen somit eine hervorragende Rolle. Herr Kussaga identifiziert sich mit seiner Firma wie mit seiner eigenen Familie und ist stolz auf seine Zugehörigkeit.

Hinzu kommt der Umstand, dass nach Auffassung Herrn Kussagas seine Fortbildung ihn dazu ermächtigt und berechtigt, deutlich höhere Gehaltsforderungen zu stellen. Aus der Sicht von Frau Heisig jedoch ist das keineswegs zwingend. Sie meint, der Betrieb habe ja schon die Fortbildungskosten und Spesen übernommen und damit sei der investive Anteil, der mit der Fortbildung von Herrn Kussaga verbunden ist, ausreichend und weitere Gehaltsforderungen unberechtigt. Eine kulturadäquate Lösung des Konflikts könnte für beide Seiten darin bestehen, dass Frau Heisig zwar bei ihrer Position bleiben und eine Gehaltserhöhung ablehnen würde, jedoch in Aussicht stellt, Herr Kussaga und die beiden Kollegen könnten bei passender Gelegenheit eine verantwortlichere Aufgabe, verbunden mit einer aufgewerteten sozialen Rangstellung, im Betrieb übernehmen. Mit einer in Aussicht gestellten Verbesserung für alle drei wäre auch vermieden, dass Herr Kussaga eine Sonderstellung gegenüber seinen beiden gleich qualifizierten Kollegen zugesprochen bekäme.

Erläuterung zu c):
Sicherlich hat die Teamarbeit mit den Kollegen hohe Priorität in Bezug auf die kooperativen Strukturen im Betrieb, denn Teamarbeit zwischen Kollegen mit ähnlichem Rang und Status ist eine kulturell akzeptierte Form. Kollektive Zusammenarbeit zwischen Personen mit gleichem oder ähnlichem Status findet sich bereits in traditionellen Gesellschaftsstrukturen verschiedener Ethnien Ostafrikas und wird von daher auch heute in bestimmten Arbeitsbereichen akzeptiert und sogar umgesetzt. Teamarbeit ist

daher zwar ein neuer Begriff in Tansania, jedoch von seiner inhaltlichen Ausgestaltung nichts Neues. Wichtig ist hier nur zu beachten, dass in einem Team nur Personen mit ähnlichem Rang und Sozialstatus zusammenarbeiten können, während es in Deutschland eher ein geringes Problem ist, dass Menschen mit unterschiedlichem Rang in Teams zusammenarbeiten.

Herr Kussaga bleibt letztendlich jedoch nicht wegen des Teams in der Firma. Vielmehr ist es die Loyalität zu seiner Vorgesetzten und zu seiner Firma, die ihn zum Bleiben bewegt, da sie für ihn und seine Arbeitskollegen einen familienähnlichen kollektiven Schutzraum bereitstellt.

■ Beispiel 15: Was tun mit streikendem Personal?

■ Situation

Pfarrer Blankertz arbeitet seit Jahren in einer Diözese des südlichen Hochlandes in der Nähe von Mbeya. Zu seinem Aufgabenbereich gehört auch die Leitung einer in kirchlichem Besitz befindlichen Farm, auf der Ackerbau getrieben wird. Die Erträge der Farm kommen insbesondere jenen Gemeindemitgliedern zugute, die nicht genügend eigenes Land haben, um die Großfamilien zu ernähren. Wenn die Ernten gut ausfallen, kann auf dem lokalen Markt zusätzlich durch Verkauf von Getreide und Kartoffeln Geld eingenommen werden, das in die Gemeindekasse fließt.

Kurz vor der Regenzeit müssen die brachliegenden Felder vom Unkraut befreit, gepflügt und eingesät werden. Pfarrer Blankertz hat zu diesem Zweck 20 junge Tagelöhner eingestellt und sie zu harter Arbeit ermahnt, damit die Felder rechtzeitig bestellt sind. Nach einigen Tagen lässt das Arbeitstempo jedoch merklich nach, Unzufriedenheit breitet sich aus, bis schließlich ein junger Landarbeiter die Arbeit niederlegt. Der Zeitplan von Pfarrer Blankertz gerät ins Wanken und es entsteht ein heftiger Wortwechsel zwischen ihm und dem streikenden Tagelöhner (sw. kibarua). Um Schlimmeres zu verhindern, greifen andere Arbeiter mäßigend ein und entschärfen den Arbeitskonflikt. Der streikende Tagelöhner wird allerdings umgehend entlassen.

Worauf muss der Pfarrer Blankertz als Arbeitgeber achten, um die von ihm geplanten Aktivitäten zu beiderseitiger Zufriedenheit und gleichzeitig effektiv zu koordinieren?

- Lesen Sie nun die Antwortalternativen nacheinander durch.
- Bestimmen Sie den Erklärungswert jeder Antwortalternative für die gegebene Situation und kreuzen Sie ihn auf der darunter befindlichen Skala entsprechend an. Es ist möglich, dass mehrere Antwortalternativen den gleichen Erklärungswert besitzen.

■ Deutungen

a) Der Pfarrer hat es versäumt, durch finanzielle Anreize die Arbeitsmotivation seiner Mitarbeiter zu erhöhen.

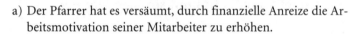

| sehr zutreffend | eher zutreffend | eher nicht zutreffend | nicht zutreffend |

b) In seiner Funktion als Arbeitgeber sollte er sich auf keinen Fall vor den anderen Mitarbeitern auf einen Streit einlassen.

| sehr zutreffend | eher zutreffend | eher nicht zutreffend | nicht zutreffend |

c) Herr Blankertz hat nicht genügend darauf geachtet, dass Arbeitsbeziehungen nur dann effektiv sind, wenn er auch auf persönliche Beziehungen zu den Arbeitern Wert legt.

| sehr zutreffend | eher zutreffend | eher nicht zutreffend | nicht zutreffend |

- Versuchen Sie, Ihre Einstufung jeder Antwortalternative zu begründen. Halten Sie die Begründung in schriftlicher Form stichpunktartig fest.
- Lesen Sie nun die Erläuterungen zu jeder Antwortalternative durch und vergleichen diese mit Ihren eigenen Begründungen.

■ Bedeutungen

Erläuterung zu a):
Diese Erklärungsalternative könnte aus westlicher Sicht zutreffend sein. In vielen Bereichen kann man auch in Tansania beobachten, dass die Arbeitsmotivation durch ein entsprechendes Gehalt erhöht wird. Dies ist jedoch besonders im Blick auf die Arbeit und Anstellung von Tagelöhnern in der Regel nicht der Fall. Für Tagelöhner gibt es in Tansania regierungsamtlich festgelegte Tarifsätze, die sich an einem Lohnminimum orientieren. Diese Tarifsätze sind natürlich nach oben unbegrenzt, es wird jedoch von den Tagelöhnern selbst nicht erwartet, dass ihre Arbeitsmotivation durch einen höheren Lohn gefördert wird. Was erwartet wird, liegt vielmehr im Bereich der Motivation gemeinschaftlicher Zielerreichung: Hier spielt die gemeinsame moralische Verantwortung für ein Projekt eine viel größere Rolle als Geldanreize. Wenn finanzielle Anreize ins Spiel gebracht werden, dann dürfen sie auf keinen Fall individuell gegeben werden, sondern, wenn überhaupt, auf die gesamte gleichrangige Arbeitsgruppe verteilt und abgestimmt. Wenn eine einzelne Person einen höheren Lohn bekommen soll, dann muss ihr eine höhere, oft anweisende Funktion zugewiesen werden. In einem solchen Fall wäre es für die Mitarbeiter nachvollziehbar, wenn jemand bevorzugt wird. Wenn jedoch ein Einzelner aus Leistungsgründen mehr Geld verdient als andere, so trifft das in Tansania nicht auf Akzeptanz und ist eher demotivierend für die anderen Mitarbeiter.

Erläuterung zu b):
Pfarrer Blankertz stand unter Zeitdruck und durfte nach deutschem Empfinden seiner Ungeduld Ausdruck geben. Er konnte sich auch mit jemandem in einen Wortwechsel einlassen, der besonders wenig Arbeitsleistung erbringt. Denn Konflikte werden in Deutschland häufig offen und direkt ausgetragen und oftmals bereits auf dieser Ebene der Auseinandersetzung gelöst. In Tansania dagegen ist das eher nicht der Fall. Verstärkt geht es erst einmal darum, Konflikte zu vermeiden: Herr Blankertz hätte auf keinen Fall seinem Unmut in einer solchen Weise freien Lauf las-

sen dürfen. Durch sein Verhalten hat er vor den Tagelöhnern den streikenden Arbeiter bloßgestellt und ihm einen Gesichtsverlust zugefügt. Wenn es zu einer »loss of face«- Situation kommt, kann in der Regel davon ausgegangen werden, dass die Beziehung zwischen Arbeitgeber und Mitarbeiter ein für allemal gestört ist. Herr Blankertz wäre gut beraten gewesen, umgehend durch eine offizielle Entschuldigung vor allen Anwesenden zu zeigen, dass er sich verkehrt verhalten hat und von nun an einen respektvolleren Umgang mit seinen Mitarbeitern pflegen möchte. Öffentliche Entschuldigungen (sw. kuomba msamaha) – auch wenn das für Deutsche peinlich sein mag – gelten in der Suaheli-Kultur als angemessenes Mittel, den Betriebsfrieden wieder herzustellen. Als Alternative hätte der Pfarrer sofort einen Menschen seines Vertrauens als Vermittler einschalten können, der aus dem Umfeld der Tagelöhner kommt und somit auch ihr Vertrauen genießt. Dem Rat des Vermittlers in dieser Sache zu folgen, wäre für Herrn Blankertz wahrscheinlich der »sanfte Weg« gewesen, um den Arbeitskonflikt beizulegen.

Erläuterung zu c):
Tansanische Farmer und im Landwirtschaftsbereich tätige Tagelöhner wissen ganz genau um die saisongebundenen Notwendigkeiten, wenn es um die Bereitstellung von Saatflächen vor der großen oder der kleinen Regenzeit (sw. masika/vuli) geht. Auch dem Pfarrer werden die landwirtschaftlichen Aktivitäten geläufig sein, die unmittelbar gegen Ende der Trockenperioden anliegen. Es handelt sich hier wohl nicht um einen Konflikt bezüglich unterschiedlichen landwirtschaftlichen Fachwissens. Vielmehr ist es wahrscheinlich so, dass es der Arbeitgeber versäumt hat, mit den Tagelöhnern persönliche Beziehungen aufzubauen und sie mit den Zielen dieses Arbeitsvorhabens bekannt zu machen. Unter diesen Bedingungen hätte er es wesentlich leichter gehabt, an die Arbeitsmoral zu appellieren und auf die Gruppensolidarität der Tagelöhner zu bauen. Vor dem Hintergrund seines Versäumnisses ist die wachsende Unzufriedenheit der tansanischen Tagelöhner verständlich. Denn tansanische Arbeitskräfte bewundern zwar harte Arbeit und die Vorgabe eines klaren Zeitrahmen am Führungsstil der Deutschen, finden aber diese Eigenschaften für

sich selbst wenig attraktiv, wenn der Arbeitgeber nicht ansprechbar ist und auf persönliche Kontakte neben der reinen Arbeitsbeziehung keinen Wert legt.

■ Beispiel 16: Implementierung von Ideen

■ Situation

Am Technical College Arusha im Norden Tansanias führt Frau Schwan, die vom Deutschen Entwicklungsdienst ausgesandt worden ist, ein Umweltprojekt durch. Das Ziel des Projekts besteht darin, den Campus mit seinen nicht sonderlich ansprechenden Betonbauten durch die Anlage von Blumenbeeten ein wenig attraktiver zu gestalten.

Frau Schwan beruft mit Unterstützung der College-Leitung eine Vollversammlung ein, um ihr gartenbauliches Projekt zu erläutern. Sie erhält breite Zustimmung und das Projekt kann beginnen. In klarer Sprache ermutigt nun die Entwicklungshelferin ihre Dozentenkollegen und Studenten, in gemeinsamer Arbeit die Gartenanlage um das College zu erstellen.

Doch einige Studenten lassen die Arbeit ruhen, die Dozentenkollegen begleiten das Projekt wohlwollend, aber wenig aktiv. Die Mitarbeit lässt stark nach. Auch Frau Schwans Ausführungen zu Fragen der Umwelt und zur Förderung der Attraktivität des Campus können die Freiwilligen nicht recht motivieren. Das Projekt muss frühzeitig abgebrochen werden.

Was muss Frau Schwan berücksichtigen, um die Chancen der Durchführung eines Projektes mit freiwilligen Mitarbeitern zu erhöhen?

- Lesen Sie nun die Antwortalternativen nacheinander durch.
- Bestimmen Sie den Erklärungswert jeder Antwortalternative für die gegebene Situation und kreuzen Sie ihn auf der darunter befindlichen Skala entsprechend an. Es ist möglich, dass mehrere Antwortalternativen den gleichen Erklärungswert besitzen.

■ Deutungen

a) Entscheidungen der Vollversammlung am College zu Projekten sind nicht bindend. Es müssen auch die Durchführungsmodalitäten beschlossen werden.

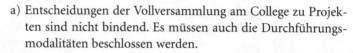

sehr zutreffend — eher zutreffend — eher nicht zutreffend — nicht zutreffend

b) Frau Schwan hat nicht deutlich gemacht, dass es sich um ein Projekt handelt, das im Interesse des ganzen Lehranstalt ist.

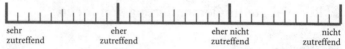

sehr zutreffend — eher zutreffend — eher nicht zutreffend — nicht zutreffend

c) Die Dozenten und Studenten fühlen sich nicht motiviert, weil ihnen der oberlehrerhafte Leitungsstil von Frau Schwan missfällt.

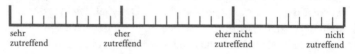

sehr zutreffend — eher zutreffend — eher nicht zutreffend — nicht zutreffend

– Versuchen Sie, Ihre Einstufung jeder Antwortalternative zu begründen. Halten Sie die Begründung in schriftlicher Form stichpunktartig fest.
– Lesen Sie nun die Erläuterungen zu jeder Antwortalternative durch und vergleichen diese mit Ihren eigenen Begründungen.

■ Bedeutungen

Erläuterung zu a):
Tatsächlich sind Entscheidungen, die in großen Gremien, wie in dieser Vollversammlung des Technical College vollzogen werden, nicht in der Weise bindend, wie dies etwa auf den Vollversammlungen deutscher Hochschulen und Universitäten der Fall ist. Entscheidungen solcher Art sind in Ostafrika vielmehr ein Appell

an die Beteiligten, sich mit dem Thema der Entscheidung auseinanderzusetzen. Zum anderen geht es in diesem Fall darum, dass die Idee zu einem solchen Projekt als von deutscher Seite übergestülpt erscheint. Wenn sich deutschen Umweltinteressen entsprechend etwas bewegen soll, ist es sehr sinnvoll, eine entsprechende Entscheidungsvorlage für die Vollversammlung durch einen afrikanischen Mandatar vorbringen zu lassen. Die Durchführungsmodalitäten für das Projekt sind eher zweitrangig, weil die Schritte der Umsetzung von Projekten dieses Zuschnittes in der Regel erst mit den freiwillig Beteiligten vor Ort konkret mit Beginn der Arbeiten festgelegt werden. Es könnten Umstände eintreten, dass zu wenig Arbeitsmittel vorhanden sind oder die geringe Anzahl von Freiwilligen und die Beschaffung des Blumensamens Probleme bereiten. All diese Unwägbarkeiten sind nur vor Ort von den Beteiligten zu klären und nicht in einer Vollversammlung.

Erläuterung zu b):
Frau Schwan hat hier mit der Begrünung und Bepflanzung der tristen Collegeanlage offensichtlich eine eher persönlich motivierte Idee einführen wollen. In ihrer Heimat gilt es längst als allgemein akzeptiert, dass beispielsweise unschöne Betonbauten aus den Siebzigerjahren nachträglich durch gartenbauliche Maßnahmen wohnlicher und dem Anblick nach attraktiver gemacht werden. Doch in Ostafrika gilt es als nicht unbedingt notwendig, dass Bildungsanstalten begrünt werden. Eher ist es wichtig, beschattende Maßnahmen, wie Baumpflanzungen, durchzuführen, um Schutz gegen die intensive Sonneneinwirkung zu geben. Die Bereitschaft der tansanischen Studenten und Dozenten, an diesem Umweltprojekt mitzuarbeiten, dürfte sich schon aus diesen Gründen in Grenzen halten. Ein weiterer Umstand dürfte darin liegen, dass Frau Schwan unbezahlte, freiwillige Arbeit wünscht. Genau das ist aber nicht zu erwarten. Es sei denn, sie würde vorschlagen, im Interesse des College Nutzpflanzen und Schattenbäume anzulegen. Wenn freiwillige Arbeit investiert werden soll, muss die Motivation primär über die Betonung des Nutzens für die College-Belegschaft erfolgen und erst sekundär als gartenbauliche Idee.

Erläuterung zu c):
Man mag in Deutschland über oberlehrerhaftes Verhalten, besonders was das Engagement im ökologischen Bereich angeht, streiten oder dem sogar ablehnend gegenüberstehen. In Ostafrika dagegen wird von Lehrern (sw. mwalimu) erwartet, dass sie ihre Information top-down effektiv und kulturadäquat weitergeben. Die überwiegende Form der Wissensvermittlung findet in Ostafrika im Frontalunterricht statt. Hier liegt also nicht das Problem von Frau Schwan. Am ehesten könnte sie das Akzeptanzproblem für ihr Projekt dadurch lösen, indem sie zunächst ihre Lehrerkollegen – also Personen gleichen Rangs – gesondert mit dem Thema des Gartenbauprojekts am College vertraut macht und rückfragt, welche Interessen ihre Kollegen haben, und ob ein solches Projekt überhaupt für das gesamte College in Frage kommt. Getrennt von diesem konsultativen Verfahren unter Gleichrangigen könnte dann die Einbindung und Motivation von College-Studenten erfolgen. Wahrscheinlich wäre die College-Leitung auch dabei behilflich, einige Studenten abzuordnen, dieses Projekt für die vorgesehene Zeit mit der Dozentin zu implementieren. Durch diese Vorgehensweise würden alle beteiligten Gruppen im College motiviert sein, ihren Beitrag zum Gelingen beizusteuern.

Themenbereich 6:
Vereinbarungen

Beispiel 17: Erziehungsmaßnahmen

Situation

In einer tansanischen Schule ist »Shamba-Tag«, ein Tag, an dem alle Schüler verpflichtet sind, auf den Schulfeldern zu arbeiten, damit die erzielten Erträge das schuleigene Budget entlasten. Drei Schulklassen sind bereits dabei, die überwucherten Schulfelder mit ihren Hackstöcken (sw. jembe) vom Unkraut zu befreien. Doch verstößt ein Schüler gegen den geltenden Verhaltenskodex: Er legt sich ins Gras und ruht sich aus. Außerdem versucht er, andere Mitschüler zu überreden, es ihm bei dieser Hitze gleich zu tun. Der verantwortliche tansanische Lehrer zögert nicht lange und nimmt daraufhin vor den Umstehenden die Prügelstrafe mit dem Stock vor. Ein gerade anwesender europäischer Volontär reagiert empört und wütend. Er nennt den strafenden Lehrer einen »Barbaren« und fragt ihn, ob die »zivilisierte« Welt jemals in seinem Land Fuß fassen kann. Die Mitschüler sind über das Einschreiten des Deutschen schockiert. Der für die Arbeit am Shamba-Tag zuständige Lehrer ist darüber sehr irritiert. Der Arbeitstag auf dem Schulfeld wird wegen des Vorfalls vorzeitig abgebrochen. Es kommt zwischen dem Volontär und der tansanischen Lehrkraft zu einem ausführlichen Gespräch über Straf- und Erziehungsmaßnahmen.

Was irritiert den tansanischen Lehrer an der Reaktion des Volontärs?

- Lesen Sie nun die Antwortalternativen nacheinander durch.
- Bestimmen Sie den Erklärungswert jeder Antwortalternative

für die gegebene Situation und kreuzen Sie ihn auf der darunter befindlichen Skala entsprechend an. Es ist möglich, dass mehrere Antwortalternativen den gleichen Erklärungswert besitzen.

■ Deutungen

a) Er weiß nicht, warum ihn der Volontär nicht bei der Strafaktion unterstützt.

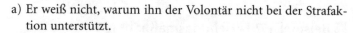

sehr zutreffend — eher zutreffend — eher nicht zutreffend — nicht zutreffend

b) Er findet die Reaktion des Volontärs fehl am Platz.

sehr zutreffend — eher zutreffend — eher nicht zutreffend — nicht zutreffend

c) Er empfindet es als Beleidigung, dass der Europäer den Tansanier öffentlich als »Barbaren« bezeichnet.

sehr zutreffend — eher zutreffend — eher nicht zutreffend — nicht zutreffend

- Versuchen Sie, Ihre Einstufung jeder Antwortalternative zu begründen. Halten Sie die Begründung in schriftlicher Form stichpunktartig fest.
- Lesen Sie nun die Erläuterungen zu jeder Antwortalternative durch und vergleichen diese mit Ihren eigenen Begründungen.

■ Bedeutungen

Erläuterung zu a):
Für den deutschen Volontär liegt der Fall klar auf der Hand: Körperliche Strafen sind grundsätzlich tabu. Sie verstoßen gegen die Würde des Einzelnen und sein Recht auf körperliche Unversehrt-

heit. Deshalb sieht sich der Deutsche genötigt, hier mutig einzugreifen, um den betroffenen Schüler zu schützen. Doch ist der tansanische Lehrer nicht dadurch irritiert, dass der Volontär ihn nicht unterstützt, sondern dadurch, er ihn daran hindern will, die Strafe auszuführen. Denn die Strafaktion ist allein Aufgabe des »Discipline Master«: Der Schulleiter beauftragt in der Regel den »Discipline Master«, körperliche Strafen zu verhängen. Der Volontär hätte nicht eingreifen dürfen. Das Strafmaß ist nach einem strengen Regelsystem eingestuft und darf nur bei groben Verletzungen der Disziplin verhängt werden.

Je schlimmer das Vergehen – besonders im Wiederholungsfall – desto höher fällt die Anzahl der Schläge aus. Bei Mädchen erfolgt die körperliche Strafe auf die Handflächen, bei Jungen auf das Gesäß. In der Regel wird die Strafe öffentlich durchgeführt, weil damit eine Abschreckungswirkung verbunden werden soll. Geringere Vergehen gegen die Schuldisziplin werden oftmals mit körperlich schweren Arbeiten (Feld- oder Bauarbeiten) kompensiert. Leichte Vergehen werden eher durch Ermahnungs- und Entschuldigungsrituale abgeglichen.

Erläuterung zu b):
Der tansanische Lehrer nimmt an, dass der Volontär Verständnis für die Wichtigkeit des Shamba-Tags hat. Gleichzeitig irritiert den Tansanier zweierlei an der Reaktion des Volontärs: Es gilt in Tansania als ungehörig, negativen Emotionen vor anderen freien Lauf zu lassen und beispielsweise Wut, Ärger, Arroganz oder Verhöhnungen auszudrücken. Die Beurteilung des Europäers, der den tansanischen Kollegen einen »Barbaren« nennt, ist in höchstem Maße beunruhigend. Diese diskriminierende Äußerung, die eine Höherwertigkeit europäischer Erziehungsmaßnahmen impliziert, verdirbt jede respektvolle Auseinandersetzung über kulturspezifische Unterschiede im Erziehungswesen. Deshalb ist die Reaktion des Volontärs hier fehl am Platze.

Erläuterung zu c):
Der Tansanier ist nicht nur irritiert von Art und Inhalt der Kritik an seiner Strafaktion, zumal sie zu seinen Aufgabenbereichen zählt. Irritierend ist besonders, dass der Deutsche in der Öffent-

lichkeit Kritik übt und darüber hinaus den tansanischen Lehrer diskriminierend behandelt, in dem er ihn vor seinen Schülern einen »Barbaren« nennt. Das mindert den Status des tansanischen Lehrers sehr, da ihn der Vorwurf »unzivilisierten Verhaltens« trifft. Denn gerade die »Kulturerziehung« liegt dem tansanischen »"Discipline Master« besonders am Herzen.

Mit dem Eingreifen des Europäers ist für den tansanischen Lehrer eine Erniedrigung verbunden, ein Gesichtsverlust vor den versammelten Schülern. So sind auch die Schüler durch die Infragestellung der Position ihres Lehrers schockiert. Die Wirkung der Intervention des Deutschen bedingt nachhaltig eine gestörte Beziehung zwischen dem tansanischen Lehrer und seinen Schülern.

■ Beispiel 18: Werkzeuge ausleihen

■ Situation

Im Ort Ujiji am Tanganyika-See besuchen tansanische Auszubildende das Automotive Technology Center. Dieses von der Kreditanstalt für Wiederaufbau (KfW) finanzierte Ausbildungszentrum mit angeschlossener Werkstatt ist in der ganzen Region für seine Qualitätsarbeit bekannt. Hier wird der zweijährige Ausbildungsgang zum Autoelektriker durchgeführt und gleichzeitig werden privat abzurechnende Reparaturdienste für private und staatliche Kraftfahrzeuge angeboten. Leiter der autoelektrischen Fachwerkstatt ist Herr Pfitzler aus Kassel. Sein Counterpart, Herr Sijaona, arbeitet seit längerer Zeit gut mit ihm zusammen. Eines Tages leiht sich Herr Sijaona Werkzeug zum eigenen Gebrauch aus. Denn er ist von einem einheimischen Geschäftsmann angesprochen worden, dessen Landrover privat zu reparieren. Der deutsche Verantwortliche reagiert sofort und überaus scharf auf das Verhalten des tansanischen Counterparts, als er das Fehlen des Spezialwerkzeugs feststellt. Es ist nämlich schon mehrfach passiert, dass sich Beschäftigte Werkzeug zum eigenen Gebrauch ausgeliehen und nicht zurückgebracht haben. Herr Pfitzler erläutert dem Tansanier, dass das Ausleihen von Werkzeug aus dem

Betrieb nicht erlaubt ist. Falls sich das wiederhole, müsse er damit rechnen, dass entsprechende Maßnahmen ergriffen werden. Daraufhin entschuldigt sich der Tansanier für sein Verhalten.

Welche Erkenntnis zieht der tansanische Counterpart aus der Situation?

- Lesen Sie nun die Antwortalternativen nacheinander durch.
- Bestimmen Sie den Erklärungswert jeder Antwortalternative für die gegebene Situation und kreuzen Sie ihn auf der darunter befindlichen Skala entsprechend an. Es ist möglich, dass mehrere Antwortalternativen den gleichen Erklärungswert besitzen.

■ Deutungen

a) Von Europäern kann man sich nichts ausleihen, denn sie sind geizig.

|sehr zutreffend | eher zutreffend | eher nicht zutreffend | nicht zutreffend|

b) Herr Pfitzler ist zwar gutmütig, aber hasst es, wenn Werkzeuge verschwinden, ohne dass er informiert worden ist.

|sehr zutreffend | eher zutreffend | eher nicht zutreffend | nicht zutreffend|

c) Herr Pfitzler muss umdenken, denn Werkzeug in Projekten der Entwicklungszusammenarbeit sind zur gemeinschaftlichen Nutzung da und nicht privater Besitz der Geberorganisation.

|sehr zutreffend | eher zutreffend | eher nicht zutreffend | nicht zutreffend|

- Versuchen Sie, Ihre Einstufung jeder Antwortalternative zu begründen. Halten Sie die Begründung in schriftlicher Form stichpunktartig fest.

– Lesen Sie nun die Erläuterungen zu jeder Antwortalternative durch und vergleichen diese mit Ihren eigenen Begründungen.

■ **Bedeutungen**

Erläuterung zu a):
Tatsächlich besteht bei einigen Tansaniern die Auffassung, dass Europäer reich sind und mehr von ihrem Reichtum abgeben könnten, es aber nicht wollen. Das starke Armutsgefälle kann durchaus zu Spannungen und Konflikten zwischen Tansaniern und Fachkräften führen. Doch ist diese Annahme wohl kaum für diese Situation wahrscheinlich, denn Herr Sijaona und Herr Pfitzler arbeiten schon längere Zeit problemlos zusammen. Das Verhalten des tansanischen Counterparts ist vielmehr von pragmatischen Interessen geleitet. Herr Sijaona benötigt für die »privat« vorgenommene Reparatur das Werkzeug und entnimmt es zu diesem Zweck dem Ausbildungszentrum. Dieses Anliegen kollidiert mit dem für Herrn Pfitzler selbstverständlichen Grundsatz, das Eigentum des Projekts auf jeden Fall dort zu belassen, wo es für die Ausbildung benötigt wird.

Erläuterung zu b):
Dies ist die wahrscheinlichste Antwort. Die Selbstverständlichkeit mit der der Tansanier das Werkzeug als Gemeinschaftseigentum betrachtet und nutzt, wird mit der klaren Haltung des Deutschen konfrontiert, so dass Herrn Sijaona der kulturell unterschiedliche Umgang mit der Verfügungsgewalt von Eigentum deutlich wird. Aus diesem Umstand schließt der Tansanier zutreffend, dass er seinen deutschen Arbeitgeber vor der Ausleihe fragen oder darüber informieren muss. Es ist ein relativ neues Phänomen in Ostafrika, dass Besitz und Eigentum von Gegenständen hinsichtlich privater im Gegensatz zu öffentlicher – in diesem Fall projekteigener – Nutzung deutlich unterschieden wird. Bis heute gilt nämlich oftmals der in der Tradition verankerte Grundsatz: Wer etwas braucht, darf es auch benutzen, wenn der, dem es gehört, es gerade nicht nutzt.

Wenn der Eigner den Gegenstand –das kann Werkzeug wie auch Land sein – erneut benötigt, muss er sich wieder bei dem derzeitigen Nutzer melden, um es zurückzufordern. Geschieht das über längere Zeit hinweg nicht, geht die genutzte Sache in den Nießbrauch des Nutzers über. Dieses besitzrechtliche Phänomen ist mutatis mutandis auch auf Geld zu übertragen.

Erläuterung zu c):
Natürlich versucht der Tansanier dem Deutschen gegenüber seine eigenkulturelle Auffassung von der allgemeinen Nutzung der Ausrüstung des Entwicklungsprojekts zu verdeutlichen. Jedoch ist dem Tansanier klar, dass er sich im Rahmen von großen Geberinstitutionen mit den europäischen Verwendungskriterien und Haltungen zu Besitz und Eigentum auseinandersetzen muss, wenn er seine Anstellung nicht verlieren will. Deshalb muss nicht Herr Pfitzler umdenken, sondern freundlich, aber bestimmt den Umgang mit dem Projekteigentum bei allen Mitarbeitern und Auszubildenden durchsetzen. Wenn sich Herr Pfitzler dem ostafrikanischen Konzept der kollektiven Nutzung von öffentlichem oder »privatem« Eigentum anschließen würde, dann würde das Automotive Technology Center über kurz oder lang wahrscheinlich seine Funktion als Ausbildungsbetrieb einstellen, weil beispielsweise das Werkzeug anderweitig unterwegs ist. Genau diese Erfahrung haben immer wieder Fach- und Führungskräfte in Ostafrika machen müssen.

Themenbereich 7: Kommunikation

Beispiel 19: Beschwerde führen

Situation

Professor Eisenacher führt mit seinen deutschen Studenten ein Bodenforschungsprojekt in der Nordostregion Tansanias durch. Obwohl mit den tansanischen Verantwortlichen brieflich eine Vereinbarung über die Kosten von Unterkunft und Verpflegung der deutschen Forschergruppe abgeschlossen worden ist, finden die Deutschen ihre Unterkunft in desolatem Zustand vor. Es gibt weder Strom noch fließend Wasser. Weil der Professor sich für seine Gruppe verantwortlich fühlt, sucht er das Gespräch mit den tansanischen Partnern. Die tansanische Leitungsebene am dortigen agroforestrischen Institut befindet sich gerade in einer Sitzung. Der Professor bittet um Einlass in die Sitzung, um sein dringliches Anliegen vorzubringen. Er sei nicht bereit, unter solchen Umständen täglich 10 Euro pro Person zu zahlen. Seiner Empörung macht der Professor durch entsprechende Gesten deutlich. Er wolle jetzt mit den Verantwortlichen über angemessene Abhilfe diskutieren und bittet die Anwesenden, sich doch zu dieser Sachlage zu äußern. Die tansanischen Verantwortlichen bitten den Professor um Entschuldigung und verweisen auf die Schwierigkeiten der Strom- und Wasserversorgung in der Region. Zwar werden die jungen Forscher kurzfristig anderweitig in Hotels untergebracht, die Kooperation des tansanischen Instituts lässt jedoch während des gesamten dreimonatigen Aufenthalts zu wünschen übrig.

Was hat Professor Eisenacher übersehen, als er über sein berechtigtes Anliegen mit der tansanischen Institutsleitung sprechen wollte?

- Lesen Sie nun die Antwortalternativen nacheinander durch.
- Bestimmen Sie den Erklärungswert jeder Antwortalternative für die gegebene Situation und kreuzen Sie ihn auf der darunter befindlichen Skala entsprechend an. Es ist möglich, dass mehrere Antwortalternativen den gleichen Erklärungswert besitzen.

■ Deutungen

a) Professor Eisenacher wusste nicht, dass er bei einem solchen Treffen besser nicht auftauchen sollte.

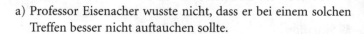

sehr zutreffend — eher zutreffend — eher nicht zutreffend — nicht zutreffend

b) Der Professor kann zwar mit den Verantwortlichen über das Problem sprechen, die Art und Weise der Kommunikation verläuft in einem Meeting jedoch anders.

sehr zutreffend — eher zutreffend — eher nicht zutreffend — nicht zutreffend

c) Das persönliche Auftreten des Professors irritiert die tansanische Institutsleitung so sehr, dass das Kooperationsprojekt schon von diesem Zeitpunkt an belastet ist.

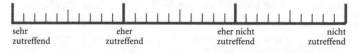

sehr zutreffend — eher zutreffend — eher nicht zutreffend — nicht zutreffend

- Versuchen Sie, Ihre Einstufung jeder Antwortalternative zu begründen. Halten Sie die Begründung in schriftlicher Form stichpunktartig fest.
- Lesen Sie nun die Erläuterungen zu jeder Antwortalternative durch und vergleichen diese mit Ihren eigenen Begründungen.

Bedeutungen

Erläuterung zu a):
Meetings der beschriebenen Art haben die Funktion, eine Reihe von Angelegenheiten zu besprechen, die das Management vorgibt. Es kann nun passieren, dass sich andere Probleme in den Vordergrund schieben, wie die Unterbringungssituation der Studentengruppe am Institut. Professor Eisenacher ist also durchaus berechtigt, die Verantwortlichen zu diesem Problem anzusprechen. Allerdings sollte das nur am Rande des Meetings geschehen, nicht jedoch während dessen. Da das Wohlbefinden der Gäste in Ostafrika einen sehr hohen Wert hat, könnte Professor Eisenacher eine geeignete Person mit einer entsprechenden Nachricht in das Meeting schicken. Mit hoher Wahrscheinlichkeit würde sich umgehend ein Verantwortlicher bereit erklären, in einem Zweiergespräch das Problem zu lösen. Auf jeden Fall ist das Meeting als Plattform völlig ungeeignet zu diskutieren, welche Maßnahmen ergriffen werden können, um dem Problem der Forschergruppe beizukommen.

Erläuterung zu b):
Professor Eisenacher wird aus Höflichkeitsgründen in das Meeting eingelassen, denn eigentlich gehört seine Beschwerde nicht in diesen Zusammenhang. Denn ein Meeting (sw. mkutano) hat in Ostafrika zwar Tradition, eignet sich aber wegen der spezifischen Kommunikationsstrukturen und Funktionen nicht für Beschwerden oder Problemdiskussionen. Um das nachvollziehen zu können, müsste Herr Eisenacher einige Merkmale und Verfahrensweisen zu ostafrikanischer Meetings kennen. Meetings werden üblicherweise von einem Leiter (sw. mwongozi) einberufen. In der Regel zählen zu der Versammlung die Häupter der Clans und der erweiterten Familie. Übertragen auf Organisationen werden heute von den Leitungen nur einzelne Vertreter der untergeordneten Ebenen zu einer solchen Versammlung einberufen, denn es kommt nicht darauf an, dass alle partizipieren, sondern die entscheidenden Personen, die das entsprechende Sach- und Lebenswissen mitbringen. Der Vorsitzende (sw. mwenyekiti), der im Allgemeinen auch der Leiter ist, ruft die einzelnen Teilnehmer zur

Stellungnahme auf, nachdem er die zu beschließenden Angelegenheiten angesprochen hat. Die Art der Stellungnahme der Teilnehmer unterscheidet sich bedeutend von der Art, die westliche Führungskräfte von Meetings kennen: Jeder gefragte Teilnehmer knüpft an den Vorschlag des Vorsitzenden oder des Vorredners an, nimmt ihn wägend und lobend auf und ergänzt möglicherweise noch einen Aspekt. Auf keinen Fall sind die Statements konkurrent oder grob abweichend. So bewegen sich die Teilnehmer auf eine gemeinsam getragene Auffassung hin. Alle fühlen sich in dieser kollektiven Meinung aufgehoben. Dagegen werden Problemdiskussionen im westlichen Sinne aber durchaus neuerdings in Ausbildungssystemen geübt, treffen aber nicht auf formalisierte Kommunikationsstrukturen, wie sie in Ostafrika gültig sind. Eine Form, die sich in Ostafrika mehr und mehr durchsetzt, ist die Debatte, die es dem Einzelnen in einer Gruppe erlaubt, einer bestimmten Gruppenmeinung Begründungen hinzuzufügen. Es debattieren in der Regel Gruppen miteinander, so dass das Konsensgefühl innerhalb einer Vertreterseite gewährleistet ist. Professor Eisenacher dürfte daher seine Beschwerde weder vom Inhalt noch im Blick auf die vorherrschenden Kommunikationsformen in Meetings vortragen.

Erläuterung zu c):
Für beide Seiten scheint die Situation unerquicklich zu sein. Professor Eisenacher fühlt sich für seine Delegation verantwortlich und möchte ein Minimum an Unterkunftsstandard gewährleistet sehen, denn er zahlt dafür auch pro Person an das Institut. Er ist der Meinung, dass die Tansanier vor Ort es eigentlich leisten müssten, für fließend Wasser und Elektrizität zu sorgen, insbesondere weil sie immer wieder finanzielle und technische Hilfen aus Deutschland erhalten. Allein dieser Sachverhalt scheint für ihn die Berechtigung zu begründen, in das Meeting der Leitung zu gehen, um diese Angelegenheit zu besprechen.

Für die tansanische Seite ist es eine Zumutung, dass ein deutscher Professor, auch wenn er gleichen Ranges ist, das Meeting stört. Denn er zählt nicht zur Ingroup, sondern müsste erst durch besondere Verfahren hineingenommen werden, die er aber selbst nicht kennt. Außerdem fühlt sich die tansanische Seite nicht respektiert, weil sich der Deutsche durch seine Gesten emotional verhält, wo doch Mäßigung und Zurückhaltung gefordert sind. Das liegt hauptsächlich daran, dass er nicht den kulturellen Verhaltenskodex für seine Situation und sein Anliegen kennt.

■ Beispiel 20: Kontaktaufnahme

■ Situation

Die Bankangestellte Frau Selina Mgabe geht einmal in der Woche für ihre altersschwache Mutter zum weit entfernten Markt in die nächste Kleinstadt, um ihre Tonwaren auf dem Markt anzubieten. An diesem Tag schlendert dort ebenfalls der deutsche Handwerkermeister Fritz Gutrecht mit seiner Familie über den lokalen Markt. Die deutsche Handwerkerfamilie ist nur für drei Wochen im Auftrag einer deutschen Nichtregierungsorganisation nach Tansania geflogen, um Möglichkeiten für eine Ausbildungsstätte für Tischler zu erkunden. Der Markt zeigt sich von seiner pittoresken Seite und es werden Erinnerungsfotos gemacht. Frau Mgabe beobachtet, wie Frau Gutrecht gerade eine tansanische Frau fotografiert, die ihr Baby in einer Blechschüssel von oben bis unten mit einem Schwamm abschrubbt. Andere Kinder stehen in einer Traube um das Geschehen herum. Sie sind nur mit einem Hemd bekleidet und gehen der tansanischen Mutter zur Hand. Frau Mgabe ist so entsetzt über das Verhalten der Deutschen, dass sie sich entschließt, den Grund für die Fotoaktion zu erfragen. In dem anschließenden Gespräch stellt Selina Mgabe ihre Sichtweise der Situation dar. Die Europäerin reagiert verlegen, ruft ihren Mann zur Hilfe und streitet die bei ihr vermuteten Gründe des Fotografierens ab.

Welche Gründe vermutet Selina Mgabe bei der fotografierenden Frau Gutrecht?

- Lesen Sie nun die Antwortalternativen nacheinander durch.
- Bestimmen Sie den Erklärungswert jeder Antwortalternative für die gegebene Situation und kreuzen Sie ihn auf der darunter befindlichen Skala entsprechend an. Es ist möglich, dass mehrere Antwortalternativen den gleichen Erklärungswert besitzen.

◼ Deutungen

a) Frau Gutrecht will die kulturelle Unterlegenheit der Tansanier dokumentieren, indem sie die armseligen Umstände fotografiert.

| sehr zutreffend | eher zutreffend | eher nicht zutreffend | nicht zutreffend |

b) Frau Gutrecht will ein reales Bild des Alltagslebens in einem tansanischen Dorf ablichten, um zuhause über die tansanischen Lebensverhältnisse berichten zu können.

| sehr zutreffend | eher zutreffend | eher nicht zutreffend | nicht zutreffend |

c) Frau Gutrecht möchte intime tansanische Familiensituationen in die Öffentlichkeit tragen.

| sehr zutreffend | eher zutreffend | eher nicht zutreffend | nicht zutreffend |

– Versuchen Sie, Ihre Einstufung jeder Antwortalternative zu begründen. Halten Sie die Begründung in schriftlicher Form stichpunktartig fest.
– Lesen Sie nun die Erläuterungen zu jeder Antwortalternative durch und vergleichen diese mit Ihren eigenen Begründungen.

◼ Bedeutungen

Erläuterung zu a):
Diese Antwort stimmt zum Teil, denn die fotografierte tansanische Frau ist natürlich eine selbstbewusste Tansanierin und Vertreterin ihrer Kultur. Frau Mgabe möchte sie und auch sich selbst vor den fotografischen Übergriffen schützen. Sie fühlt sich verletzt, wenn ohne Einverständnis Menschen in einer Situation fotografiert werden, die nicht in Übereinstimmung mit den positi-

ven kulturellen und nationalen Vorstellungen eines gastlichen Tansanias steht. Dennoch steht für Frau Mgabe dieser Aspekt nicht im Vordergrund, weil sie weiß, dass fotografierende Ausländer meist keine politischen Absichten verfolgen. Hätte die Europäerin einen festen Wohnsitz in Tansania, würden andere Bedingungen gelten: Mit einem »Wohnsitz-Status« müsste die Europäerin in Frau Mgabes Augen Rücksicht auf das positive Selbstverständnis der Tansanier nehmen und nicht ihren Stolz verletzen, in dem sie derartige Situationen ablichtet.

Erläuterung zu b):
Frau Gutrecht hat die Absicht, ungeschminkt über Tansania berichten zu können, wenn sie wieder zuhause ist. Sie will Alltagssituationen fotografieren, um ein umfassendes Bild ihrer Erlebnisse zu vermitteln Warum sollte sie nicht das fotografieren, was sie sonst während ihrer Auslandsaufenthalte gemacht hat? Genau das kann Selina Mgabe nicht nachvollziehen. Denn allein die Tatsache, dass ohne Absprache fotografiert wird, bringt sie dazu, einzugreifen und die Deutsche zur Rede zu stellen. Vielleicht verfolgt Frau Gutrecht eine Absicht, weil sie ein Gespräch mit ihren »Fotoobjekten« scheut? Frau Selina Mgabe will jedenfalls die Marktfrau vor dem fotografischen »Übergriff« schützen.

Erläuterung zu c):
Während Frau Gutrecht arglos ihre lebensfrohen Erinnerungsfotos vom Marktgeschehen macht, vermutet Selina Mgabe, dass hier etwas geschieht, was sich ihrer Kontrolle entzieht. Keine tansanische Familie ist glücklich darüber, wenn ihre einfache Lebenssituation abgelichtet wird und damit in Hände gelangt, die nicht mehr im persönlichen und familialen Kontaktgefüge oder Freundeskreis aufgehoben sind und somit in die Öffentlichkeit gelangen. Kein Problem wäre das Fotografieren, wenn für die Familie nachvollziehbar wäre, welche Absicht und welches persönliche Engagement der Europäerin dahinterstehen, wie etwa eine Kleidersammlungsaktion für die Familie, deren Situation den Spendern fotografisch dargestellt werden soll. Aus die Art wäre der nützliche Zweck des Fotografierens für alle Beteiligten greifbar und akzeptabel.

■ Kulturelle Hintergründe zu Kommunikation

Mit der richtigen Wahl der Grußform auf Suaheli können sich erste freundliche Kontakte eröffnen, auch wenn im Gesprächsverlauf die Sprache gewechselt wird. Die *neutralste Grundform des Grüßens*, die nicht leicht veränderbar ist, besteht aus folgenden Einheiten.

Frage: »Habari gani?« (Wie geht es?). – Antwort: »Nzuri.« (gut). Antworten auf »Habari«-Fragen lauten stets »nzuri«, denn es gilt als sehr unhöflich, wenn man erzählt, dass es einem nicht so gut geht! Fortgesetzt wird diese Grußform durch Fragen, die zunächst die Angelegenheiten der Familie, des Zuhause, der Gesundheit und der Reise ansprechen, jedoch nicht die Arbeit.

»Habari ya nyumbani?« (Wie geht es Zuhause?).

»Habari ya mama na watoto?« (Wie geht es der Frau und den Kindern?).

»Habari ya safari?« (Wie war die Reise?)

Oft schließen sich auf die Frage nach der Reise weitere Fragen direkt an: »Unatoka wapi?« (Woher kommst du?) und »Unakwenda wapi?« (Wohin fährst du?). Auch Fragen nach dem Namen und der ethnischen oder nationalen Herkunft sind sehr häufig: »Unaitwa nani?« (Wie heißt du?). Eine weitere neutrale Grußform lautet: »Salaama?« (Geht es gut?) – »Salaama« (Ja, es geht gut).

Schließlich hat die *Berücksichtigung des Alters* eine besondere Wichtigkeit bei der Begrüßung. Grundsätzlich beginnt die jüngere Person mit dem Gruß an die vermutlich ältere.

Jüngere Person: »Shikamoo!« (Ich respektiere deine Würde) – Ältere Person: »Mara haba.« (Ich nehme deinen respektvollen Gruß an).

In städtischen Bereichen und unter Jugendlichen hat sich in Tansania ein *lockerer Gruß* durchgesetzt, der auf keinen Fall mit Älteren oder Menschen in sozial höheren Positionen ausgetauscht werden darf! »Mambo?« (Wie ist es so?) – Antwort: »Poa« (cool!) oder »Safi« (sauber).

Beim *Abschied* wird in der Regel beiderseits »Kwa heri« (viel Glück) gewünscht. Wenn eine Reise ansteht wird »Safari njema« (gute Reise) gewünscht. Die übliche Antwort besteht in einem kurzen »Ahsante« (Danke).

Themenbereich 8: Gastfreundschaft

Beispiel 21: Einladungen

Situation

Die Gesellschaft für Technische Zusammenarbeit (GTZ) bietet für ihre tansanischen Mitarbeiter eine Weiterbildungsmaßnahme zur zielorientierten Projektplanung (ZOPP) an. Nach einem anstrengenden Tag in den Räumen des Schulungszentrums planen die tansanischen Teilnehmer einen angenehmen geselligen Ausklang. Der deutsche Koordinator, Herr Müller, stimmt zu und sie treffen sich in einem gemütlichen Restaurant. Die gut gelaunten tansanischen Teilnehmer werden von dem Deutschen aufgefordert, ihre Essen- und Getränkebestellung aufzugeben. Schnell vergeht der Abend, alle sind mit dem Essen zufrieden, man hat sich gut unterhalten und will nun nach Hause. Es muss nur noch gezahlt werden. Der deutsche Koordinator bittet den Ober, jedem einzelnen eine Rechnung für die verzehrten Gerichte zu bringen. Die Tansanier sind irritiert. – Weil viele nicht genügend Geld zur Verfügung haben, helfen sie sich gegenseitig aus. Auf dem Rückweg zum Trainingszentrum beschweren sie sich bei dem Herrn Müller und erklären ihm, dass sie davon ausgegangen seien, er zahle für alle Teilnehmer der Weiterbildung.

Warum erwartet die Gruppe der tansanischen Teilnehmer von dem deutschen Koordinators, dass er den Restaurantbesuch bezahlt?

– Lesen Sie nun die Antwortalternativen nacheinander durch.
– Bestimmen Sie den Erklärungswert jeder Antwortalternative für die gegebene Situation und kreuzen Sie ihn auf der darun-

ter befindlichen Skala entsprechend an. Es ist möglich, dass mehrere Antwortalternativen den gleichen Erklärungswert besitzen.

■ Deutungen

a) Sie erwarten, dass er zahlt, weil er ein deutlich höheres Einkommen hat.

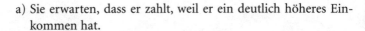

sehr zutreffend — eher zutreffend — eher nicht zutreffend — nicht zutreffend

b) Sie erwarten, dass er als Vorgesetzter die Fürsorge für die Gruppe übernimmt.

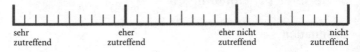

sehr zutreffend — eher zutreffend — eher nicht zutreffend — nicht zutreffend

c) Wer andere zu Bestellungen auffordert, muss auch die Kosten tragen.

sehr zutreffend — eher zutreffend — eher nicht zutreffend — nicht zutreffend

- Versuchen Sie, Ihre Einstufung jeder Antwortalternative zu begründen. Halten Sie die Begründung in schriftlicher Form stichpunktartig fest.
- Lesen Sie nun die Erläuterungen zu jeder Antwortalternative durch und vergleichen diese mit Ihren eigenen Begründungen.

■ Bedeutungen

Erläuterung zu a):
Herr Müller ist es aus Deutschland gewohnt, dass jeder Gast im Restaurant für sich selbst bezahlt. Anderweitige Abmachungen

werden in der Regel vor der Essensbestellung abgesprochen. Weil der Deutsche jedoch keine Einladung an die tansanischen Teilnehmer der Fortbildungsmaßnahme ausgesprochen hat, geht er davon aus, dass jeder für sich selbst aufkommt. Die Tatsache allein, als Entwicklungsexperte mehr Geld zu verdienen, begründet auch in Ostafrika keine Verpflichtung, sein Geld selbstverständlich für andere auszugeben. Ausschlaggebend ist in den Augen der tansanischen Ausbildungsgruppe in erster Linie die Beziehungskonstellation zwischen Koordinator und Weiterbildungsgruppe.

Erläuterung zu b):
Seine primäre Aufgabe sieht Herr Müller in der inhaltlichen Planung und Durchführung der Weiterbildung. In Deutschland passiert es eher selten, dass eine Teilnehmergruppe nach Beendigung der offiziellen Lehrveranstaltung auf private Kosten des Leiters in ein Restaurant geht. Dagegen ist ein Leiter in Tansania eine Person, die nicht nur als Fachkraft für die ordnungsgemäße Ausbildung zuständig ist, sondern auch die Fürsorge für die ihm anvertraute Gruppe übernimmt. Diese Fürsorge umfasst Unterkunft, Verpflegung, gesellschaftliche Ereignisse (»socializing«) und das Zurechtkommen in der fremden Umgebung. Die tansanischen Auszubildenden erwarten also von ihrem Leiter, dass er ihre Versorgung umfassend übernimmt, wie es in Tansania üblich ist. Diese Erwartungshaltung ist für Angehörige der Suaheli-Kultur selbstverständlich, denn in den meisten Ethnien Ostafrikas ist es traditionell so gewesen, dass der Jumbe (dt. Häuptling) mit seinem Mshauri/Mdoe (dt: Ratgeber) für die Essensversorgung der ihm Zugehörigen verantwortlich ist. Durch diese Führungspersonen wurden Landverteilungen vorgenommen, die Jagdbeute aufgeteilt oder Zugangsmöglichkeiten eröffnet. Der Häuptling und sein Stellvertreter hatten die Verteilung materieller Güter nach altem Recht inne. Dieses Grundverhältnis ist vielfach heute auf andere Sozialbeziehungen, wie etwa im Arbeitsbereich (Vorgesetzter/Arbeitnehmer), mutatis mutandis übertragen worden. Um Missverständnissen vorzubeugen, müssen daher Fach- und Führungskräfte vorab klären, wer die Bezahlung übernimmt.

Erläuterung zu c):
Die tansanischen Teilnehmer der Fortbildung haben tatsächlich die bloße Aufforderung des Koordinators zur Essensbestellung auf dem Hintergrund ihres kulturspezifischen Erfahrungshorizonts als freundliche Einladung gewertet. Denn sie sehen es als Verpflichtung des Ausbildungsleiters an, sie zu versorgen. Sie verstehen sich als »Gäste« der GTZ und des deutschen Koordinators, der nolens volens in die Position eines »kleinen Häuptlings« gerückt ist.

■ Beispiel 22: Unterkunftstandards für Mitarbeiter

■ Situation

Frau Müssig ist für eine deutsche Entwicklungsagentur als Fachkraft für den Aufbau ziviler Strukturen in der Nordwest-Region Tansanias nahe der ugandisch-ruandischen Grenze tätig. In der Regionshauptstadt Bukoba richtet sie ein fünftägiges Seminar für tansanische Mitarbeiter aus, bei dem es um die regionale Koordinierung der zivilen Teilprojekte geht, die Probleme mit den zahlreichen Flüchtlingen aus Ruanda und dem Kongo haben. Frau Mushi, Mitarbeiterin der UN-Flüchtlingskommission (UNHCR), hat sich frühzeitig zum Seminar angemeldet und ist aus der Südprovinz mit einem Dienstwagen angereist. Bei ihrer Ankunft in Bukoba bittet sie die deutsche Seminarleiterin, ob sie die Zeit des Seminars über bei ihr übernachten könne, weil sie anderweitig keine Unterbringungsmöglichkeit gefunden habe. Frau Müssig lädt sie zu sich nach Hause ein und bietet ihrer Kollegin ein einfaches, schönes Zimmerchen an. Doch Frau Mushi scheint sich nicht recht wohl zu fühlen. Sie bleibt noch eine weitere Nacht. Dann entschuldigt sie sich bei ihrer Gastgeberin mit der Begründung, dass sie das Seminar abbrechen und dringend zu ihrer Familie nach Hause zurückkehren müsse. Auch auf die besorgte Nachfrage von Frau Müssig, was denn der konkrete Grund ihrer frühzeitigen Abreise sei, erhält sie keine zufrieden stellende Antwort.

Welche Hintergründe mögen für die vorzeitige Abreise von Frau Mushi maßgeblich gewesen sein?

- Lesen Sie nun die Antwortalternativen nacheinander durch.
- Bestimmen Sie den Erklärungswert jeder Antwortalternative für die gegebene Situation und kreuzen Sie ihn auf der darunter befindlichen Skala entsprechend an. Es ist möglich, dass mehrere Antwortalternativen den gleichen Erklärungswert besitzen.

■ Deutungen

a) Frau Mushi fühlt sich nicht angemessen behandelt, weil ihr nur ein einfaches, kleines Zimmer angeboten worden ist.

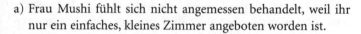

| sehr zutreffend | eher zutreffend | eher nicht zutreffend | nicht zutreffend |

b) Frau Mushi hat einen verpflichtenden familiären Anlass, der sie bewegte, früher abzureisen.

| sehr zutreffend | eher zutreffend | eher nicht zutreffend | nicht zutreffend |

c) Das von Frau Müssig ausgerichtete Seminar zum zivilen Friedensdienst entsprach nicht dem, was Frau Mushi davon erwartet und für notwendig erachtet hatte.

| sehr zutreffend | eher zutreffend | eher nicht zutreffend | nicht zutreffend |

- Versuchen Sie, Ihre Einstufung jeder Antwortalternative zu begründen. Halten Sie die Begründung in schriftlicher Form stichpunktartig fest.
- Lesen Sie nun die Erläuterungen zu jeder Antwortalternative durch und vergleichen diese mit Ihren eigenen Begründungen.

Bedeutungen

Erläuterung zu a):

Als Koordinatorin für den Aufbau ziviler Strukturen weiß Frau Müssig, dass es oftmals sogar für in der Region ansässige Ostafrikaner schwierig ist, ein angemessenes Quartier zu finden. Frau Müssig hat die bedrängende Enge erfahren, die in den Orten der Region herrscht, weil immer mehr Flüchtlinge die Grenzen überschreiten, um in Tansania in Frieden leben zu können. Von daher gesehen ist es ein freundlicher Akt der Gastgeberin, wenn sie ihre Kollegin zu sich einlädt und ihr Unterkunft gewährt. In Deutschland wäre es auch selbstverständlich gewesen, dass ein Seminarkoordinator auf dringende Bitte hin einem auswärtigen Teilnehmer hilft, Quartier zu bekommen, und sei es, dass ein kleines Gästezimmer zur Verfügung gestellt wird. Die UNHCR-Mitarbeiterin nimmt zwar das Angebot an, muss aber feststellen, dass sie nur ein kleines Zimmer zugewiesen bekommt. Ihrem Status als Gast und ihrer etwa gleichwertigen Position entsprechend, die sie gegenüber Frau Müssig innehat, erwartet sie eine andere Ausgestaltung der Gastfreundschaft. Frau Müssig hätte dafür Sorge tragen müssen, dass dem Gast ein vom Standard her vergleichbares Zimmer zur Verfügung gestellt wird, und sei es das Schlafzimmer von Frau Müssig selbst. Das würde ausdrücken, dass Frau Müssig ihrem Gast den in der Suaheli-Kultur geforderten nötigen Respekt erweist. Darüber hinaus bestünde ihre Pflicht als Gastgeberin, der tansanischen Kollegin Schutz und Versorgung anzubieten und nicht nur ein »einfaches, schönes, Zimmerchen«. Da nun aber Frau Mushi zwischen Frau Müssig als Expertin des Deutschen Entwicklungsdienstes und als Gastgeberin nicht trennen kann und will, fühlt sich die Tansanierin nicht genügend wertgeschätzt. Sie ist enttäuscht und demotiviert. Das Seminar ist ihr folglich nicht mehr so wichtig und sie reist daher früher ab.

Erläuterung zu b):

Sicherlich kann man zu Recht vermuten, dass Frau Mushi eine dringende Angelegenheit in ihrem Heimatort zu erledigen hat. Oftmals ist die Teilnahme an Taufen, Konfirmationen, Hochzeiten und Beerdigungen ein Grund zu frühzeitiger Abreise, da mit diesen Anlässen zwingende Verpflichtungen verbunden sind, die stets über sonstigen Arbeitsverpflichtungen stehen. Doch einen solchen Grund hätte Frau Mushi wahrscheinlich Frau Müssig mitgeteilt. Vielmehr hätte Frau Müssig stutzig werden müssen, dass Frau Mushi so einsilbig war, als sie den »Grund« für ihre frühzeitige Abreise mitteilte. Denn Frau Mushis Entschuldigung kann als indirekte Mitteilung über die Missbilligung des Umgangs verstanden werden, den Frau Müssig als Gastgeberin aus ihren Augen an den Tag gelegt hat. Die besorgte Nachfrage von Frau Müssig kann von Frau Mushi nicht beantwortet werden, weil unangenehme Befindlichkeiten nicht direkt geäußert werden. Frau Müssig hätte das Problem leicht lösen können, indem sie andere tansanische Seminarteilnehmer gefragt hätte, warum sich Frau Mushi bei dem Seminar nicht wohlfühlt. In der Regel tauschen tansanische Gäste schnell untereinander aus, wie, wo und bei wem sie untergebracht sind.

Erläuterung zu c):
Eher unwahrscheinlich ist die dritte Erklärungsalternative, denn sie spiegelt das wider, was deutsche Fachkräfte empfinden, wenn jemand von einem Seminar abreist, ohne einen nachvollziehbaren Grund anzugeben. Die präzise Vorbereitung von Seminaren und Treffen, die von deutschen Experten einberufen werden, wird von den meisten Tansaniern hoch geschätzt. Es ist jedoch nicht die inhaltliche Vorbereitung, sondern die mangelnde Ausgestaltung der persönlichen Beziehung im Rahmen der gewährten Gastfreundschaft, die Frau Mushi irritiert.

■ Beispiel 23: Tischmanieren

■ Situation

Herr Pfeiffer berät seit einigen Wochen die halbstaatliche Tansania Brewery Company, die das allgemein beliebte Bier »Safari« produziert und vermarktet. Er hat einen Vertrag, die Beschaffung der Betriebsmitteln Gerste und Hopfen für die sich ausweitende Produktion der marktbeherrschenden und äußerst profitablen

Marke sicherzustellen. Mit einem deutschen Kollegen ist er zu Gast bei der Familie des Managers der Company. Ein traditionelles Gericht mit Cassava und Pilau wird gereicht. Dazu gibt es Wasser in einer französischen Glaskaraffe. Die deutschen Gäste sind angetan vom Duft des Essens, doch beim Trinken des Wassers sind sie zögerlich und fragen den Gastgeber aus Sorge um ihre Gesundheit, ob das Wasser denn abgekocht sei. Beiläufig kommt von ihrer Seite auch die Frage, ob die tropischen Früchte auch abgewaschen worden seien. Beides wird vom tansanischen Manager bejaht. Dennoch kommt eine gewisse Unbehaglichkeit auf. Der Gastgeber wird etwas einsilbig. Die lockere Gesprächsatmosphäre ist dahin. Herr Pfeiffer spürt den Umschwung in der Situation und verabschiedet sich mit seinem Kollegen. Er denkt, der Abend hätte eigentlich harmonischer verlaufen können.

Was meinen Sie, hätten Herr Pfeiffer und sein Kollege tun müssen, um einen harmonievollen Abend zu verbringen?

- Lesen Sie nun die Antwortalternativen nacheinander durch.
- Bestimmen Sie den Erklärungswert jeder Antwortalternative für die gegebene Situation und kreuzen Sie ihn auf der darunter befindlichen Skala entsprechend an. Es ist möglich, dass mehrere Antwortalternativen den gleichen Erklärungswert besitzen.

■ Deutungen

a) Herr Pfeiffer hätte sich für seine Frage nach der Hygiene entschuldigen müssen.

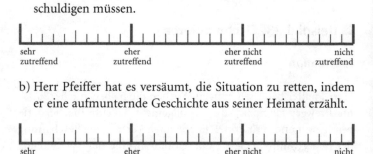

b) Herr Pfeiffer hat es versäumt, die Situation zu retten, indem er eine aufmunternde Geschichte aus seiner Heimat erzählt.

c) Die Gäste hätten sich nicht am Duft des Essens erfreuen dürfen.

| sehr | eher | eher nicht | nicht |
| zutreffend | zutreffend | zutreffend | zutreffend |

– Versuchen Sie, Ihre Einstufung jeder Antwortalternative zu begründen. Halten Sie die Begründung in schriftlicher Form stichpunktartig fest.
– Lesen Sie nun die Erläuterungen zu jeder Antwortalternative durch und vergleichen diese mit Ihren eigenen Begründungen.

■ Bedeutungen

Erläuterung zu a):
Wenn in Tansania Einladungen ausgesprochen werden, so haben sie offiziellen oder inoffiziellen Charakter. Jeder Gast kann viel unkomplizierter als in Deutschland fast jederzeit zu Besuch kommen und wird mit »karibu nyumbani« (dt. »Herzlich willkommen in meinem Haus«) begrüßt. Diese ostafrikanische »Drop-in«-Besuchskultur kann anders als in Deutschland als allgemein verbreitet vorausgesetzt werden. Offizielle Einladungen – besonders zwischen Personen ähnlichen Rangs – haben ihre eigenen Formalien. Beiden Einladungsformen gemeinsam ist jedoch, dass von Gästen erwartet wird, sich möglichst kulturangepasst zu verhalten. In der Situation hat Herr Pfeiffer einen Fauxpas begangen, der bei den gastgebenden Tansaniern auf große Verwunderung stoßen muss: Die direkten Nachfragen der Deutschen nach den hygienischen Verhältnissen im Haus des Gastgebers erwächst zwar einer nachvollziehbaren Sorge um die eigene Gesundheit, kann aber von den gebildeten und sozial hoch stehenden Tansaniern nur als Kritik empfunden werden, weil impliziert wird, der Gastgeber hätte weder einwandfreies Wasser noch sorgfältig gewaschene Früchte anzubieten. In der konkreten Situation wäre es für die Gäste ratsam gewesen, auf das Wasser zu verzichten und stattdessen um Tee zu bitten. Früchte oder Fleisch abzulehnen ist in der Suaheli-Kultur dann kein Problem, wenn es damit begrün-

det wird, dass der Magen einfach nicht mitspielt oder man eine Allergie hat. Eine solche Begründung wird nicht als kleine »Lüge« aufgefasst, sondern sehr wohl als indirekte und gleichzeitig höfliche Botschaft des Gastes wahrgenommen, dass man unter gegebenen Umständen nichts zu sich nehmen könne. Für Vegetarier ist der Verweis auf die vegetarische Esskultur in der eigenen Familie hilfreich: Es werden in der Regel keine weiteren Nachfragen gestellt.

Erläuterung zu b):
Es wäre zwar ein denkbarer Ausweg aus der peinlichen Situation gewesen, die Unterhaltung zu retten, indem die deutschen Gäste ein anderes Thema angeschnitten hätten. Doch die Kommunikation zwischen Gastgeber und Gästen läuft nicht entscheidend auf der digitalen Ebene, also der über Worte vermittelten Information, sondern auf der unterliegenden, stärker wirksamen analogen Ebene. Fach- und Führungskräfte, die länger in Ostafrika tätig waren, wissen, dass die Angehörigen der Suaheli-Kultur Meister des Sendens und Entschlüsselns analoger Botschaften sind. Eine symbolische Geste, ein bestimmter mimischer Ausdruck, der Ton in der Stimme verrät mehr über die Befindlichkeit des Gastes und seiner referentiellen Beziehung als ein netter Smalltalk.

Erläuterung zu c):
Warum sollten die deutschen Gäste nicht zeigen dürfen, dass ihnen das gereichte Essen angenehm in die Nase geht? »Pilau« gilt doch – und das hatten die deutschen Gäste aus einem Reiseführer entnommen – als tansanisches Nationalessen. Das genussvolle Einziehen des exotischen Essensduftes war wohl von den deutschen Gästen als Kompliment an die Gastgeber gedacht. Doch der tansanische Gastgeber nimmt solch ein Verhalten völlig anders wahr. Wie eine jüngst durchgeführte landesweite Untersuchung zu irritierenden Ereignissen zwischen Tansaniern und Europäern ergeben hat (Boness 2002), assoziieren die meisten Angehörigen der Suaheli-Kultur mit dem Schnuppern am Essen ein Verhalten, das sonst Tieren, insbesondere aber Hunden, zugeschrieben wird. Hunde gelten außerhalb der Jäger- und Viehno-

madenkulturen als unreine und verachtenswerte Tiere. Wenn ein deutscher Gast »genüsslich« den Duft des Essens einzieht, so benimmt er sich in der Sicht vieler Ostafrikaner »unzivilisiert«. Das ist für den tansanischen Gastgeber in der beschriebenen Situation deshalb besonders irritierend, weil er der Auffassung ist, gerade Europäer hätten »zivilisiertes« Verhalten nach Ostafrika gebracht. Wenn deutsche Gäste ein Kompliment zum Essen kulturangemessen ausdrücken wollen, sollten sie nach dem Essen sagen, dass man eine vorzügliche Mahlzeit (sw. chakula bora) genossen habe und satt geworden sei (sw. nimeshiba vizuri). In der Betonung einer »vorzüglichen Mahlzeit« und dem Umstand »satt geworden zu sein« schwingt mit, dass die Suaheli in der Regel– außer Obst – nur Gekochtes angebieten. Die Bestätigung, »satt« geworden zu sein, reflektiert zugleich die kollektiven Erfahrungen einer Mangelgesellschaft, in der zu bestimmten Jahreszeiten und Regionen die Nahrungsversorgung sehr knapp werden kann.

■ Themenbereich 9:
Religion

■ Beispiel 24: Trauer

■ Situation

In der zentraltansanischen Region Iringa findet eine große Begräbnisfeier statt. Der Verstorbene war Sachbearbeiter für das Rechnungswesen im Distrikt. Die Frauen sind in bunte, traditionelle Kangas gehüllt, die Männer tragen einfache, aber ordentliche Kleidung. Manche Gäste sind zu diesem Anlass von weit her angereist: Die Familie, Freunde, Arbeitskollegen und Nachbarn des Verstorbenen sind vollständig versammelt. Die trauernden Frauen geben ihren Schmerz um den Tod des Mannes durch lautes Schreien Ausdruck. Die Männer singen währenddessen sonore kirchliche Litaneien. Da kommt der deutsche Technikexperte Herr Victor hinzu und fragt, was denn los sei. Er macht Bemerkungen über die laute Klage und fragt, ob es nicht ein bisschen zu lang dauere, wenn eine solche Begräbnisfeier drei Tage nacheinander stattfinde, und die Arbeit liegen bliebe. Die Anmerkungen des Deutschen rufen bei den Trauergästen eine starke Reaktion hervor, auf die Herr Victor nicht gefasst ist. Plötzlich springt ein Trauergast auf und verletzt ihn durch Tritte schwer. Die Trauergäste nehmen davon kaum Notiz. Ein zufällig anwesender Polizist nimmt den Täter fest und führt ihn zur Polizeistation. Im Krankenhaus erfährt der Technikexperte, dass der Tansanier, der ihn verletzt hat, sofort nach dem Verhör wieder auf freien Fuß gesetzt worden ist.

Was verärgert den Trauergast so sehr, dass er Herrn Victor angreift und verletzt?

– Lesen Sie nun die Antwortalternativen nacheinander durch.

- Bestimmen Sie den Erklärungswert jeder Antwortalternative für die gegebene Situation und kreuzen Sie ihn auf der darunter befindlichen Skala entsprechend an. Es ist möglich, dass mehrere Antwortalternativen den gleichen Erklärungswert besitzen.

■ Deutungen

a) Herr Victor trägt weder angemessene Trauerkleidung, noch stimmt er in das Wehklagen ein.

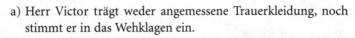

sehr zutreffend · eher zutreffend · eher nicht zutreffend · nicht zutreffend

b) Die Störung des Trauerrituals verärgert den Toten und kann Unglück über die Familie und das Dorf bringen. Das macht die Trauergemeinde ärgerlich und betroffen.

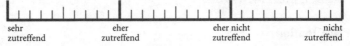

sehr zutreffend · eher zutreffend · eher nicht zutreffend · nicht zutreffend

c) Der feierliche Rahmen wird schlichtweg durch den fremden Besucher gestört, da es sich um eine geschlossene Trauergemeinschaft handelt.

sehr zutreffend · eher zutreffend · eher nicht zutreffend · nicht zutreffend

- Versuchen Sie, Ihre Einstufung jeder Antwortalternative zu begründen. Halten Sie die Begründung in schriftlicher Form stichpunktartig fest.
- Lesen Sie nun die Erläuterungen zu jeder Antwortalternative durch und vergleichen diese mit Ihren eigenen Begründungen.

■ Bedeutungen

Erläuterung zu a):
Es wird weder von Herrn Victor erwartet, dass er die traditionell angemessene Trauerkleidung trägt, noch dass er in mit den »Kla-

geweiber« einstimmt. Als Europäer hat er eine Sonderrolle und ist nicht verpflichtet, traditionelle Trauerkleidung zu tragen. Wichtig ist nur, dass er, wie es auch in Deutschland von Besuchern einer Trauerfeier erwartet wird, sauber und ordentlich gekleidet zur Beerdigung kommt. Ebenso wenig wird erwartet, dass er in das Wehklagen einstimmt, denn dies ist eine spezielle Aufgabe der Frauen, insbesondere jener, die zur erweiterten Familie gehören. Gelegentlich werden dazu jedoch auch Frauen von außerhalb extra eingeladen, was ist jedoch eher selten vorkommt. Die Phase des »Kilio« (dt. Geschrei/lautes Weinen) dauert in den meisten Gegenden Tansanias drei Tage lang und darf auf keinen Fall gestört werden. In dieser Zeit sollte die Arbeit der Trauergemeinde auf den Feldern und in den Betrieben weitgehend ruhen.

Erläuterung zu b):
Es ist sicherlich das störende Auftreten des deutschen Besuchers beim Begräbnis, das die Trauergemeinde empört, denn sie haben die Befürchtung, der Verstorbene – dessen Totenseele weiterhin sehr lebendig und auch über den Tod hinaus wirksam ist – könne Unglück über die Familie und das Dorf bringen, wenn er nicht in angemessener Art und Weise beigesetzt wird. Das von einer in seiner Ruhe gestörten Totenseele veranlasste Unglück drückt sich in Missernten, Fehlgeburten oder ungünstigen Heiratsverbindungen aus. Aus diesem Glauben heraus reagiert ein sich besonders verletzt fühlender Trauergast so gewaltsam. Die Tätlichkeit wird jedoch vonseiten der Polizei verständnisvoll aufgenommen und akzeptiert, da die Polizisten von dem Unglück eventuell mit betroffen sein könnten. Schließlich teilen auch Polizisten den Glauben an die wirksame Kraft von Totenseelen. Entsprechend erfolgt prompt die Freilassung des Täters, der stellvertretend für die empörte Trauergemeinde gehandelt hat.

Erläuterung zu c):
Der feierliche Rahmen ist zwar gestört, jedoch nicht, weil es sich um eine geschlossene Gemeinschaft handelt. Im Prinzip ist jeder Trauergast auf einer Beerdigung willkommen, der sich in den Augen der Trauergemeinde angemessen verhält. Denn damit zeigt

er vor den anwesenden Tansaniern sein Mitgefühl und sein Verantwortungsbewusstsein.

Mitgefühl ist ein besonders hoch geschätzer Wert, besonders, wenn ausländische Gäste oder Familienfremde ihre Anteilnahme zeigen. Sie erklären sich nämlich auf diese Weise solidarisch und treten damit in die Gemeinschaft der Trauernden ein. Von Fach- und Führungskräften wird sogar erwartet, dass sie ihren Mitarbeitern und deren Familienangehörigen in den Wechselfällen des Lebens, also Geburt, Initiation (Kommunion und Konfirmation), Krankheit oder Tod persönlich Anteil geben. Ein solch empathisches Verhalten von kulturfremden Personen wird von den betroffenen Ostafrikanern äußerst positiv aufgenommen und trägt dazu bei, die Wertschätzung gegenüber ausländischen Führungskräften deutlich wachsen zu lassen und die Zusammenarbeit erheblich zu stärken. In Ostafrika wird nicht zwischen »privatem« und »öffentlichem« Auftreten unterschieden.

■ Kulturelle Hintergründe zu Wirtschaft und Religion

So ungewöhnlich es klingen: Offensichtlich ist in der Suaheli-Kultur der Umgang mit Hexerei, Zauberei und Magie bis heute stark ausgeprägt. Es ist allerdings schwierig, genaue Informationen über dieses Phänomen zu erhalten, weil dem eine Art Spezialwissen zugrunde liegt, über das nur bestimmte Personen verfügen, es aber meistens geheim halten. Es dürfte wohl kaum einen Suaheli geben, der nicht an die Kraft der Magie glaubt und für die Bewältigung von Krisen einen Mganga (sw. Heiler, der mit lokaler Medizin umfassend vertraut ist) oder einen Mchawi (sw. Hexer, der negative Energien aktivieren und lenken kann) anruft. Besonders aber in Fällen von Eifersucht und Neid werden im Wirtschaftsleben Ostafrikas »Heiler« eingesetzt, um unerwünschte Irritationen auf dem Weg der Magie und ritueller Praktiken auszuräumen, so dass die Mitarbeiter emotional wieder stabilisiert werden. Es gibt zahlreiche Aussagen von Tansaniern, die beispielsweise Probleme bei der Lieferung von Rohstoffen oder das Versagen technischer Betriebseinrichtungen auf die Wirkung schwarzer Magie zurückführen. Wenn von einer Person vermutet wird, dass sie Ursache für ein Problem ist, wird nach Gegenmitteln gesucht, die die negativen Energien binden könnten, oder im Gegenzug ein Mchawi-Zauberer um Rat und Hilfe gebeten. Deutsche Führungskräfte in Ostafrika müssen davon ausgehen, dass die meisten Afrikaner funktionierende Abläufe in Unternehmen oder auftretende Fehler in Betriebsabläufen auf spirituelle Kräfte zurückführen, die auf unsichtbare, aber sehr wirksame Weise kritische Ereignisse, Abläufe und Beziehungen von Menschen steuern. Es wäre ein Irrtum anzunehmen, dass Mitarbeiter, die sich als Christen oder Muslime bezeichnen, nichts mit Magie und Zauberei zu tun hätten. Die Konfessionsbindung an große Glaubenssysteme, die nicht in Afrika ihren Ursprung haben, ist eine kulturell hoch angesehene Konvention. Doch im Bewusstsein der Ostafrikaner bilden traditionelle Glaubensvorstellungen an Magie und Zauberei keinen Gegensatz zum Christentum oder Islam, sondern ergänzen sich. Deshalb wollen wir einen kurzer Überblick über vorherrschende religiöse Grundauffassungen der Suaheli gegeben. Wenn Fach- und Führungskräfte ein wenig über diese den Beziehungen und Ereignissen unterliegenden Kräfte wissen, werden so manche Phänomene in Wirtschaft und Betrieb verständlicher, mögen sie auch nicht von westlich geprägten Menschen ohne weiteres nachvollziehbar sein.

Die kollektive Erfahrung der Ostafrikaner von Abhängigkeiten in Zeit und natürlichem Raum führt zum Konzept der *Gottesbeziehung*. Es ist kaum vorstellbar, dass Tansanier sich nicht von dem Wissen um die Omnipräsenz Gottes leiten lassen. Ein von Gott abgekoppelter Lebensentwurf des »Atheismus« kommt bis heute praktisch nicht vor, demgemäß gibt es auch kein sprachliches Suaheli-Äquivalent zu »Atheismus«. Vielmehr muss damit gerechnet werden, dass »Mungu« (dt. göttliches Wesen) ontologisch als Ursprung und Bewahrer der Welt vorausgesetzt wird. Das Ringen der großen Religionen um den wahren Gott oder den wahren Weg zu Gott ist für die Mehrzahl der Tansanier nicht recht einsehbar. In einem Land zahlreicher indigener Religionsformen, in die Christentum, Hinduismus und Islam kulturell verschmolzen sind, ist die Einbettung des Daseins in den göttlichen Zusammenhang alltäglich sichtbar. »Mungu yupo« – Gott ist da, in Zeit und Raum. Sein Geist – im Sinne von »Spirit« – ist die entscheidende Kraft, die Menschen leitet und ihnen ihren Charakter verleiht. »Roho Mtakatifu« (der »Heilige Geist«), wird von den Suaheli angerufen, um sich der Wirksamkeit des göttlichen Geistes zu öffnen. Die semantische Mehrdeutigkeit des »Roho«-Begriffs erstreckt sich von der primären Bedeutung »soul, spirit, life, vital principle« über »Atem«, im Sinne von Lebenskraft, bis hin zu »guter Charakter, Individualität«. »Roho« wird auch als spirituelle Macht verstanden, die Menschen überhaupt erst Lebenskraft verleiht. Der Geist des Mungu wirkt in zwischenmenschlichen Ereignissen und natürlichen Erscheinungen. Mungus schöpferisch-emanative Existenz wird nicht nur als vor den Dingen liegend angenommen, also auch vor dem Vergangenen (sw. Zamani) und der Jetztzeit (sw. Sasa). Seinem Wesen gemäß ist er transzendenten wie auch der immanenten Charakters: Er wird als »Mwenye enzi« oder »Mwenyezi« angeredet, als jemand, der »alle Macht« hält. Mungu wird von den Suaheli nicht anthropomorph verstanden, sondern als »Kraft«, die in allen Dingen dynamisch wirkt. Bildliche Darstellungen Gottes sind kaum bekannt, doch in seinen Auswirkungen als Schützer der Familie, als Verantwortlicher für das Gedeihen von Mensch und Vieh wird Mungu verehrt. In der Begrüßung und Briefanrede »Salaam katika jina la mungu« (dt. Friede im Namen Gottes), beim Abschied »Mungu akubariki« (dt. Gott segne dich), auf der Reise »Mungu akutunze safarini« (dt. Gott behüte dich auf der Reise) wird Mungu ungeachtet konfessioneller Bindungen angerufen, dass er als Begleiter der Menschen in gefahrvollen Wechselfällen präsent sein möge.

Was das kulturelle System der Suaheli angeht, kann davon ausgegangen werden, dass die spirituelle Welt nicht von der für Europäer konkreten Welt als getrennt erlebt wird. Zwischen Mungu und den Menschen – so die herrschende Auffassung – gibt es Geister und Totenseelen. Von Geistern wird geglaubt, sie seien die unsichtbaren Formen des Seinszustands, in das die Totenseelen eintreten, wenn sich ihrer nicht mehr erinnert wird. Sie sind am Horizont des Zamani entschwunden und befinden sich im Status der »kollektiven Unsterblichkeit«. Zwar werden diese Geistwesen gefürchtet, sie können aber von religiösen Spezialisten, Wahrsagern, Regenmachern, Priestern und Heilern (sw. waganga) mit Hilfe bestimmter Praktiken so beeinflusst werden, dass sie keinen schädlichen Einfluss auf die Gemeinschaft ausüben können. Bisweilen nehmen Geister von Menschen Besitz und lenken ihre Wahrnehmung, Körperbewegungen, Gestik und Sprache. In lang anhaltenden Fällen von Geistbesessenheit werden von christlichen und nichtchristlichen Spezialisten Exorzismen angewandt, die aus festgelegten Handlungsfolgen bestehen. Dagegen befinden sich die Totenseelen noch in der Sasaperiode und fungieren als Bindeglied zwischen den Lebenden und der Geisterwelt. Ältere Familienangehörige sind durch ihre längere Lebenszeit eng mit den »living deads« verbunden und pflegen täglich Austausch mit ihnen, da die Totenseelen noch persönlichen Charakter haben und im Haushalt als zugegen erlebt werden.

Sprachgrammatisch schlägt sich der Umstand personaler Belebtheit von Totenseelen darin nieder, dass Totenseelen im Suaheli-Konkordanzsystem dank ihres personalen Charakters in die »m-wa«-Klasse (Personalklasse) eingeordnet sind und somit Adjektiv-Präfixe wie auch Verb-Prä/Infixe der Lebend-Klasse zugeordnet bekommen – obwohl sie in ihrer substantivischen Verwendung auch anderen Klassen angehören können. Anders verhält es sich bei der grammatischen Behandlung von Wesen in der Geisterhierarchie: Sie werden stets entsprechend ihrer Substantivklassenzugehörigkeit – die sich niemals auf die »m-wa«-Klasse beziehen kann – entweder »mi«-klassenmäßig (»Baum-Klasse«) oder »N«-klassenmäßig (Klasse der allgemeinen Objekte und auch Tiere) behandelt, also mit jenen Klassen konkordant gebildet, die Wesen oder Dinge geringerer geistiger Belebtheit enthalten. In eine Hierarchie von Belebtheiten gefasst, stellen sich die Aggregate der »vital forces« von der Spitze angefangen so dar: God - ancestors - humankind - animals - plants - matter, wobei das System unterschiedlicher Belebtheiten einen geschlossenen Kosmos voraussetzt: Wenn ein Element des energetischen Universums vitale Kräfte verliert, dann gewinnt ein anderes Element in eben dem gleichen Maße an Kraft.

Themenbereich 10:
Verhalten in Alltagssituationen

Beispiel 25: Angemessene Kleidung

Situation

Im Rahmen eines einjährigen Vertrages mit dem privaten Schulträgerverein in Nairobi/Kenia erhält der deutscher Studienreferendar Michael Breitner unmittelbar im Anschluss an seine pädagogische Abschlussprüfung die Möglichkeit, an einer Sekundarschule Englisch zu unterrichten. Als Herr Breitner sich zum ersten Mal in der Schule vorstellt, hinterlässt er einen angenehmen Eindruck: Er ist freundlich, trägt angemessene und saubere Kleidung und stellt sich höflich vor. Der Gast wird von der Lehrer- und Schülerschaft interessiert aufgenommen. Er nimmt regelmäßig am Schulalltag und am sozialen Leben der Schulgemeinschaft teil.

Ein kenianischer Kollege, Herr Calvin, der die Position eines Fachobmanns für den Unterricht in »traditioneller Kultur« (sw. utamaduni) bekleidet, beobachtet bald, dass der neue Lehrer während seiner Tätigkeit nicht immer saubere und gebügelte Kleidung trägt. Entsprechend wenig achtet der Studienreferendar auf die Kleidung seiner Schüler und ermahnt sie auch nicht zur Sauberkeit, zum Aufräumen des Schulgrundstücks und zu pünktlichem Erscheinen. Das hat wiederum zur Folge, dass einzelne kenianische Schüler die Ordnung der Schule nicht mehr beachten und in ungepflegter Schuluniform zum Unterricht erscheinen. Herr Calvin ist vom Verhalten des Deutschen überrascht und so enttäuscht, dass er ihn nicht zu sich nach Hause einlädt, wie er das sonst mit Auslandslehrern tut.

Welches Verhalten erwartet der kenianische Lehrer von Herrn Breitner?

- Lesen Sie nun die Antwortalternativen nacheinander durch.
- Bestimmen Sie den Erklärungswert jeder Antwortalternative für die gegebene Situation und kreuzen Sie ihn auf der darunter befindlichen Skala entsprechend an. Es ist möglich, dass mehrere Antwortalternativen den gleichen Erklärungswert besitzen.

■ Deutungen

a) Herr Calvin ist erstaunt darüber, dass Herr Breitner nicht seinen Verpflichtungen nachkommt, die Schüler zu einem angemessenen Verhalten in der Schule zu ermahnen.

sehr zutreffend · eher zutreffend · eher nicht zutreffend · nicht zutreffend

b) Besonders enttäuscht ist Herr Calvin davon, dass der deutsche Kollege die Traditionen der Schule nicht respektiert.

sehr zutreffend · eher zutreffend · eher nicht zutreffend · nicht zutreffend

c) Irritiert ist Herr Calvin davon, dass der Deutsche nicht immer in sauberer und gebügelter Kleidung zum Dienst erscheint.

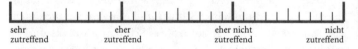

sehr zutreffend · eher zutreffend · eher nicht zutreffend · nicht zutreffend

- Versuchen Sie, Ihre Einstufung jeder Antwortalternative zu begründen. Halten Sie die Begründung in schriftlicher Form stichpunktartig fest.
- Lesen Sie nun die Erläuterungen zu jeder Antwortalternative durch und vergleichen diese mit Ihren eigenen Begründungen.

Bedeutungen

Erläuterung zu a):
Der deutsche Studienreferendar nimmt sehr wohl seine Verpflichtung wahr, den Unterricht gut vorbereitet durchzuführen und auch am schulischen Leben teilzunehmen, wie es ihm von Deutschland her bekannt ist. Er ist sich aber nicht bewusst, dass an die Lehrerrolle in Ostafrika noch weitere Erwartungen geknüpft werden. Um den dortigen Verpflichtungen nachzukommen, muss er nämlich aus der Sicht von Herrn Calvin (a) in seiner Position als Lehrer Vorbild sein, (b) die Persönlichkeitsentwicklung der Schüler fördern, (c) zum nationalen Aufbau (sw. kujenga taifa) beitragen und (d) traditionelle und heutige Werte, also auch den gesellschaftlichen Wertewandel, an seine Schüler weitervermitteln.

»Mwalimu« (dt. Lehrer) ist ein Ehrentitel, der signalisiert, dass Lehrer, anders als in Deutschland, in der sozialen Hierarchie trotz geringen Gehalts (etwa 250 US-Dollar monatlich) weit oben angesiedelt sind. So wurde beispielsweise der tansanische Präsident Nyerere ehrfurchtsvoll mit »Lehrer der Nation« betitelt. In Ostafrika ist »Lehrer« nicht nur eine Berufsbezeichnung, sondern ein nationales Vorbild. Der Titel verpflichtet diejenigen deshalb auch, die Schüler zum Dienst an der Nation zu erziehen. Die charakterliche Bildung der Schüler geschieht bis heute über die strenge Erziehung zu Sekundärtugenden, die in Deutschland längst auf den Prüfstand gesellschaftlicher Kritik gehoben sind: Sauberkeit, Ordentlichkeit, Gehorsam, Fleiß, gemeinschaftliche Arbeit und Pflichtbewusstsein. Diese Tugenden sind in den offiziellen Curricula Tansanias und Kenias verankert. Von Lehrern und Bildungsexperten, die in dort tätig sind, wird erwartet, dass sie sich selbst dementsprechend verhalten. Allerdings ist es nicht gefordert, dass deutsche Lehrer die Schüler streng dazu anhalten, zum nationalen Aufbau beizutragen.

Erläuterung zu b):
Der Studienreferendar bekommt – wie in Deutschland auch – Gelegenheit, die besonderen Traditionen der Schule kennen zu lernen. Doch handelt es sich hierbei nicht um eine entscheidende Frage, wieweit der Referendar in der Lage ist, im Verlauf sei-

ner nur einjährigen Vertragszeit die Traditionen der Schule zu pflegen. Der kenianische Kollege ist deshalb nicht enttäuscht über »mangelnden Respekt« gegenüber den Traditionen der Schule, denn der Deutsche verhält sich höflich und nimmt an den außerunterrichtlichen Veranstaltungen der Schule regelmäßig teil.

Erläuterung zu c):
Das Problem liegt tatsächlich im Umgang mit der Kleidung: Während deutsche Lehrer oftmals eher legere und praktische Kleidung tragen, wird es in Ostafrika gern gesehen, dass Lehrer wie leitende Angestellte mit hellem Hemd, gebügelter Hose und Jackett erscheinen. Sie setzen sich damit auch äußerlich von den Berufsgruppen ab, die überwiegend körperliche Arbeit leisten. Gleichzeitig ist die »offizielle« Kleidung der Lehrer Ausdruck ihrer Autorität und unterstreicht ihren hohen gesellschaftlichen Status. Vielleicht hat der Referendar – besonders in der Regenzeit – Probleme, seine Kleidung stets sauber zu halten, denn die Wege zur Schule sind oft lehmig und matschig. Möglicherweise hat er aber auch keine Waschmaschine zur Verfügung, so dass er seine Kleidung nur in grober Handwäsche säubern kann. Viele deutsche Entwicklungshelfer genieren sich, einheimisches Personal (sw. dobi) zu beauftragen, ihnen das Waschen und Bügeln der Wäsche abzunehmen. Wenn Ostafrikaner Anstoß an der äußeren Erscheinung eines Europäers nehmen, und das ist häufiger der Fall als es Europäern bewusst ist, dann kann eine gleichrangige Person an den ausländischen Gast herantreten und ihn auf sein Äußeres ansprechen. Das geschieht aber nur in besonderen Fällen und wird normalerweise aus Höflichkeit unterlassen. Die Erwartungen Herrn Calvins werden also mit Blick auf die äußere Erscheinung des deutschen Referendars enttäuscht, weil er die in Ostafrika hochrangigen Werte Sauberkeit und Ordnung verletzt sieht und die Schulgemeinschaft ein schlechtes Vorbild hat.

Beispiel 26: Reziprokes Handeln

Situation

Die tansanischen Partner der Nichtregierungsorganisation (NRO) »Handwerk und Kirche« laden ihre europäischen Partner zu einem Spaziergang in der nahe gelegenen Stadt Dodoma ein. Ein anstrengender Tag liegt hinter ihnen, galt es doch in den langatmigen Verhandlungen, traditionelle Seifensieder zu unterstützen, sie zu beraten und Mittel für ihre Kleinbetriebe bereitzustellen, um den lokalen Markt zu versorgen. Nach Beendigung des Ideenaustauschs über diese Frage flanieren die Partner auf dem Weg zu einem Restaurant durch die Stadt. Eine Gruppe Bettler steuert auf die Gruppe zu und beginnt nach Almosen zu fragen. Die Bettler sind blind und tragen schmutzige, zerlumpte Kleidung. Ein Deutscher wird besonders dicht verfolgt und von einem Bettler an der Kleidung gezogen. Er kann die Nähe der Bettler nicht ertragen und zieht sich angewidert zurück. Nachdem die Bettler außer Sichtweite sind, verabschiedet er sich von seinen Partnern, er wolle sich ausruhen und gehe schon ins Hotel zurück. Ein Tansanier begleitet ihn, doch der Deutsche spricht mit niemandem mehr und verlässt trotz guten Zuredens das Hotel bis zum Abflug der Gruppe am nächsten Abend nicht. Die tansanischen Partner sind erstaunt, dass der deutsche Experte von dieser Seite der Realität in Tansania so beeindruckt ist. Beim Abschiedstreffen erklären die Tansanier der deutschen Delegation, was es mit den Bettlern in Dodoma auf sich hat.

Was denken Sie, ist der Inhalt der Erklärung?

- Lesen Sie nun die Antwortalternativen nacheinander durch.
- Bestimmen Sie den Erklärungswert jeder Antwortalternative für die gegebene Situation und kreuzen Sie ihn auf der darunter befindlichen Skala entsprechend an. Es ist möglich, dass mehrere Antwortalternativen den gleichen Erklärungswert besitzen.

Deutungen

a) Es gibt ein Regierungsprogramm, das die Bettelei eindämmen soll – man brauche sich keine Sorgen zu machen.

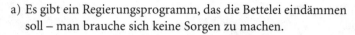

sehr zutreffend eher zutreffend eher nicht zutreffend nicht zutreffend

b) In der Ethnie der Gogo, die um Dodoma siedelt, gibt es einen anerkannten Berufsstand, der vom Betteln lebt.

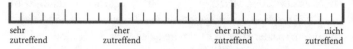

sehr zutreffend eher zutreffend eher nicht zutreffend nicht zutreffend

c) Betteln und das Bitten um Almosen ist eine religiöse Praxis muslimischer Gläubiger, die man akzeptieren muss.

sehr zutreffend eher zutreffend eher nicht zutreffend nicht zutreffend

- Versuchen Sie, Ihre Einstufung jeder Antwortalternative zu begründen. Halten Sie die Begründung in schriftlicher Form stichpunktartig fest.
- Lesen Sie nun die Erläuterungen zu jeder Antwortalternative durch und vergleichen diese mit Ihren eigenen Begründungen.

Bedeutungen

Erläuterung zu a):
Die Vertreter von »Handwerk und Kirche« wissen aus ihrer Heimat natürlich auch, dass in größeren Städten vereinzelt gebettelt wird. Oft handelt es sich dabei um Obdachlose oder Personen, die in besonderen Notlagen sind. Im Allgemeinen fängt aber das dicht geknüpfte soziale Netz all diejenigen auf, die bedürftig sind. Die direkte Konfrontation mit großer Armut und dem unmittelbaren Kontakt wie in dieser Szene in Dodoma führt bei einem der deutschen Delegation zu einem Kulturschock. Die Deutschen

wussten nicht, dass es seit Beginn des Ujamaa-Sozialismus gesellschaftliche Bemühungen gab, in Tansania das Betteln einzudämmen, weil es für einen freien Bürger als unwürdig galt. Bis heute gibt es jedoch keine entsprechenden Regierungsprogramme, vielmehr wird die Bettelei, besonders in urbanen Zentren, geduldet und als alltäglich hingenommen, weil es ethnische und religiöse Gründe dafür gibt. Die armutsbedingenden Folgen der Globalisierung spielen hier auch eine Rolle. Bezeichnend ist in diesem Rahmen der Umstand, dass sprachlich im Swahili nicht zwischen »Bitten« und »Betteln« (sw: kuomba) unterschieden wird. Betteln wird somit in Ostafrika als eine Form des Bittens gesehen.

Erläuterung zu b):
Tatsächlich ist es so, dass die Ethnie der Gogo, die hauptsächlich in der Hauptstadtregion siedelt, einen anerkannten »Berufsstand« kennt, der sein Auskommen durch Betteln bestreitet. Offiziell wird diese Art des Gelderwerbs von der Regierung geduldet, auch wenn das für Europäer befremdlich ist. Da in der Dodoma-Region zahlreiche bi- und multilaterale Projekte der Entwicklungszusammenarbeit durchgeführt werden, erscheint es geboten, dass sich dort tätige Experten erkundigen, welche ethnischen Besonderheiten im Alltag wirksam werden, auch wenn sie von der »Mehrheitskultur« der Suaheli abweichen.

Erläuterung zu c):
Es trifft zu, dass Betteln zu den fünf Säulen des Islam gehört. Hier geht es um den Grundsatz des »Almosengebens«, der ein religiöser Grundpfeiler des Islam ist und somit an der Küste Tansanias weit verbreitet. In diesem Fall spielt jedoch die religiöse Begründung keine Rolle, weil in der Dodoma-Region nur wenige Muslime leben. Bei den dort überwiegenden Christen ist zwar auch »Bitten« und »Geben« bekannt, jedoch ist das hier nicht ausschlaggebend.

Was das »Motiv« des Bittens oder erlebten Bettelns angeht, so ist in Tansania ein solcher Verhaltensmodus sowohl kulturell selbstverständlich als auch in den Heiligen Schriften vielfach belegt. Bitten und Empfangen, das Teilen der Güter zur Befriedigung von Basisbedürfnissen ist nicht nur ökonomisch im Antagonismus von Reichtum und Armut aufgehoben, sondern gilt als eine religiöse Überzeugung, die für tansanischen Muslime wie auch Christen verhaltensrelevant ist. So heißt es im Lukasevangelium, Kapitel 7,7 f.: »Bittet, so wird euch gegeben werden; (...) Denn jeder, der bittet, empfängt.« Dieser Hinweis auf die religiöse Dimension steht im Einklang mit den Aussagen über die afrikanische Religiosität, wie sie der ugandische Wissenschaftler John Mbiti formuliert hat. Bitten zielt im Kulturkontext der Suaheli in der Regel auf (symbolisches) Teilen und Anteilhabe, was nicht im Sinne von Handel oder Leihe zu verstehen ist. Es ist damit zu rechnen, dass – wenn Europäer etwa Geld vorauszahlen oder Güter ausleihen – auf tansanischer Seite damit ein Besitz- und Verbrauchsanspruch einhergeht. Oft wird das Ausgeliehene daher nicht zurückgegeben, sondern benutzt und verbraucht.

Deutsche sind deshalb auch oft im Rahmen der Projektzusammenarbeit mit Bitten um finanzielle Hilfen für private, meist familiäre Zwecke konfrontiert. Viele Projektverantwortliche haben praktikable Vereinbarungen mit ihren afrikanischen Mitarbeitern getroffen, die vorsehen, dass entweder finanzielle Unterstützung in Form von nicht zurückzahlbaren Zuschüssen oder zinslosen Darlehen gegeben wird. Zinslose Darlehen sind jedoch in der Regel nur dann handhabbar, wenn die Rückzahlungen einen kleinen Teil (höchstens bis 10 %) des Lohns ausmachen. Anderenfalls geraten Darlehensgeber wie auch Darlehensnehmer in Schwierigkeiten, die gegenseitigen Verpflichtungen einzulösen.

■ Kulturelle Hintergründe: Alltag im Spiegel von Suaheli-Sprichwörtern

Das gesprochene, rhetorisch verfeinerte Wort gilt in Form zahlreicher Idiome als Schlüssel zur Wertorientierung und somit als Hinweis zur Handlungs- und Verhaltensorientierung in intra- als auch in interkulturellen Situationen. In den meisten afrikanischen Gesellschaften sind Idiome eine wichtige Kommunikationsquelle, die sich in Sagen, Fabeln und Sprichwörtern ausdrücken können. Sie dienen traditionell dem Zweck der Erziehung und der sozialen Positionierung und werden heute in der Wirtschaft gern zu Werbezwecken im Marketing in tansanischen Großstädten eingesetzt (Mayer 2001). Sprichwörter gehören zur »Gattung der oralen Literatur«, die zumeist nur aus kurzen Maximen bestehen und Lebensweisheiten über spezifische Themen in konzentrierter Form über Generationen weitergeben. Die Autoren sind fast immer anonym, die Variantenbildungen relativ gering und die Überlieferungen sehr zeitbeständig (Kubik 1988). Sie handeln vom Alltag der Menschen, beinhalten kulturspezifische Bestandteile und deren Sprachgeschichte, zeigen den kulturellen und sprachlichen Wandel auf, sind abhängig von gesellschaftlichen Werten und geben diese wieder. Sprichwörter und Redensarten sind ein universelles Phänomen. Daher sind sie auch in Übersetzungen und mit der richtigen Entkodifizierung interkulturell verständlich. Vielfach sind sie in ihrer speziellen Form und Ausprägung an Regionen, Ethnien oder bestimmte soziale Schichten gebunden und schöpfen aus deren Normvorstellungen. Sie drücken daher nicht nur eine faktische, sondern auch die normative Wahrheit einer Gruppe aus (Kubik 1988). Mock (1979) betont, dass die Wichtigkeit für die Sinnbedeutung von Sprichwörtern in jedem Fall der augenblickliche, situative und soziale Kontext ist, in dem sie angewendet werden. So muss bei Interpretationen die erzählende Person und ihre Beziehung zu den Zuhörenden bekannt oder sichtbar sein. Nach Schnurer (1996) gleichen Sprichwörter Erziehungsregeln, die in Bantu-Kulturen in der Regel nicht offen und direkt ausgesprochen, sondern in Metaphern ausgedrückt werden.

Durch spezielle formale Techniken, wie etwa Gleichlaut, kontrastierende Gegenüberstellung von Satzelementen oder Reimen sowie durch indirekte Anspielungen, Metaphern oder intrakulturell verständliche Symbolismen, die unbewusste Assoziationsketten auslösen, wird eine große psychologische Wirksamkeit erzielt und die Einprägsamkeit bei der Zuhörerschaft erhöht (Kubik 1988). Daher bietet es sich an, traditionelle Sprichwörter in den wirtschaftlichen Alltag, zwischen Marketing, Consulting und Personalführung einzubinden. Oftmals weisen Personen in höher gestellten Positionen in Ostafrika auch gleichzeitig hohe Kompetenzen im Bereich der sprachlichen Ausdrucksfähigkeit und der Einbindung von Idiomen in den optimalen Kontext aus. Wenn nun deutsche Manager, Fach- und Führungskräfte in Ostafrika tätig werden wollen, so erwartet das afrikanische Umfeld, dass ihnen einschlägige Idiome geläufig sind und diese zur richtigen Zeit und am richtigen Ort platziert werden. So öffnen sich Türen zu einer angenehmen und möglicherweise auch effektiven Zusammenarbeit. Ist eine Führungsperson – beispielsweise ein Chef gegenüber seinen Mitarbeitern – jedoch nicht in der Lage, sich kontextual angemessen auszudrücken, so kann es geschehen, dass er bei seinen Mitarbeitern die Frage auslöst, ob er überhaupt in der Lage sei, sie in ihren Lebens- und Arbeitsumständen zu verstehen. Wenn jedoch eine neue deutsche Führungsperson sich im idiomatischen Anwendungsbereich auskennt und einige Wendungen gekonnt im Gespräch einsetzt, so wird dies Erstaunen und Freude auf Seiten der Suaheli-Partner auslösen.

Kulturelle Exkurse

Nationale Stereotype

Aus Interviews, informellen Diskussionen und Nebenbemerkungen wird deutlich, dass Ostafrikaner wie auch Deutsche ausgeprägte Vorstellungen übereinander haben (Teunissen 1993). Diese Vorstellungen und generalisierenden Behauptungen können einen Kern »Wahrheit« enthalten, sind jedoch in der Regel missverständlich und zudem der bilateralen Zusammenarbeit äußerst abträglich. Es soll darauf hingewiesen werden, dass die folgenden Ausführungen sich nicht als Rezepte dafür eignen, »richtiges« Verhalten in einem anderen kulturellen Kontext zu lernen. Vielmehr haben diese Hintergrundinformationen die Funktion, dass sich deutsche Führungskräfte mit jenen Wahrnehmungen auseinandersetzen, die von anderen gesammelt worden sind, die lange in bikulturellen Kontexten gearbeitet haben. Nur wenn die eigenen persönlichen Charaktereigenschaften und kulturellen Einstellungen auf der Folie wechselseitiger Stereotype bewusst gemacht werden, kann eine Verhaltenssensibilität entstehen, die die Gefahr des Zurückfallens in Hetero- und Autostereotype vermindert.

Wahrnehmungen von Deutschen über Tansanier – Ähnliches gilt auch für Ugander und Kenianer – lauten nach Teunissen (1993) so:
- Sie sind etwas dumm.
- Sie sind viel zu höflich.
- Sie sind ziemlich rezeptiv, manchmal passiv.
- Sie kennen nur ein Thema: Geld.
- Sie sind nicht vertrauenswürdig.
- Sie sind bequem und faul.

- Tansanische Frauen verkaufen sich nicht teuer genug.
- Sie besprechen ständig ihre Familienangelegenheiten mit Ausländern.
- Sie werden wild, wenn sie jemanden beim Stehlen ertappen.
- Sie können ihr Leben besser genießen als wir.
- Sie kümmern sich nicht um Morgen.

Wahrnehmungen von Tansaniern über Deutsche lauten so:
- Sie sind zu rigide und strikt.
- Sie drängen zu sehr.
- Sie arbeiten hart.
- Sie teilen ihr Know-how und Informationen mit dir.
- Sie können anderen nicht trauen.
- Sie versuchen immer gut vorbereitet und präzise zu sein.
- Sie können ihre Emotionen nicht unter Kontrolle halten.
- Sie machen einen unsicheren Eindruck.
- Sie fühlen sich überlegen und behandeln dich von oben herab.
- Deutsche und andere Menschen aus dem Westen bilden ihre Urteile zu schnell.
- Sie sehen dich nur als Mitarbeiter und nicht als Menschen.
- Sie lernen nicht aus Erfahrungen in Afrika, sondern haben fixe Ideen und wollen jeden zu einem guten Deutschen machen.
- Je mehr Deutsche an einem Projekt beteiligt sind, desto mehr Probleme bekommst man.

Diese Bemerkungen zielen darauf, die genannten nationalen Projektionen und Stereotype bereits im Vorfeld zu entkräften. Nach unseren Kenntnissen ist es jedoch trotzdem so, dass es kaum jemanden gibt, der ohne die Entlastungsfunktion von Stereotypen auskommt, wenn er in einer ihm fremden Kultur lebt und arbeitet. Dennoch sollten sich besonders Fach- und Führungskräfte mit den Eigen- und Fremdstereotypen auseinandersetzen, um eine gewinnbringende Interaktion und Kooperation mit ihren ostafrikanischen Mitarbeitern zu finden. Denn nur so können Grundlagen von Beziehungen geschaffen werden, die für Angehörige beider Kulturen in gleicher Weise zufrieden stellend sind.

■ Macht und Herrschaft

Eng verbunden mit dem skizzierten Verständnis von Spiritualität ist das Erfassen von Macht, Kraft, Herrschaft und Gewalt (engl. power): Während die Suheli Macht und Kraft zunächst einmal mit »nguvu« bezeichnen, so schwingt in den sprachlichen Anwendungszusammenhängen der personale wie auch der spirituelle Bezug mit: »nguvu« kann die rein physische Kraft sein, die Energie, mit der eine Handlung ausgeführt wird oder ein Wort gesprochen wird. »Nguvu« kann positiv geladen sein, aber auch zwingende Gewalt meinen, die gegen den Willen eines anderen ausgeübt wird (Johnson 1978). In der Regel ist die Ausübung von Macht spirituell – bisweilen auch negativ – begründet. Menschen haben keine »nguvu«, vielmehr ist physische Kraft genauso wie mentale Fähigkeiten auf spiritueller Grundlage zu sehen, mit denen Menschen »begabt« sind. Sie können nicht aus dem Netzwerk der Lebenskräfte gelöst werden. Anders dagegen verhält es sich mit der nicht-personalen »Macht«, die wesentlich im politisch-öffentlichen Raum zu identifizieren ist und mit zwei Begriffswurzeln arabischen Ursprungs verknüpft wird.

»Mamlaka« bezeichnet die Befehlsmacht, mit der Menschen qua sozialer oder politischer Position ihre Macht von oben (sw. uwezo wa juu) ausüben oder Autorität und Herrschaftsgewalt über Dinge und Menschen erlangt haben. »Mamlaka« denotiert auch den Expansionswillen der Machthabenden (Taasisi 1981) und ist insofern nicht mit spiritueller Kraft in unmittelbaren Zusammenhang zu bringen, da der spirituellen Kraft ein kosmisches Potenzial zu Grunde liegt, das zwar durch dynamische Kraftbewegungen ausgezeichnet ist, jedoch im Umfang stabil bleibt, also keine Expansion kennt. Es ist zu vermuten, dass der Begriff »mamlaka« mit der arabischen Expansion vor etwa 1.000 Jahren nach Ostafrika gewandert ist und eine Grunderfahrung der beherrschten schwarzen Küstenbevölkerung widerspiegelt. Ein zweiter Kernbegriff für politische Macht ist »Utawala«. »Utawala« meint jenen Bereich von Herrschaft, der durch eingesetzte Machthabende ausgeübt wird, überschneidet sich also teilweise mit »mamlaka«. Doch wird »Utawala« auch beispielsweise für Lehrer gebraucht, die ein Fachgebiet beherrschen. Oft findet man in Institutionen für die Leitungs-und Führungsebene den Begriff »Utawala« – dieser Sachverhalt weist darauf hin, dass es sich um quasi hoheitliche Verwaltungsaufgaben handelt, die in einem klar definierten Rahmen ausgeführt werden.

Es geht aus den knappen Hinweisen zur semantischen Analyse des Machtbegriffs bei den Suaheli hervor, dass es sich nicht um ein eigenständiges Konzept handelt, sondern Macht dem Primärbereich des Spirituellen zugeordnet ist. Dagegen erscheint der semantische Verstehenshorizont der Suaheli für politisch-soziale Machtverhältnisse weitgehend von spirituellen Kräften abgesondert zu sein und auf teilweise auch jüngeren historischen Erfahrungen von oben oder von außen kommender Herrschaft zu beruhen. Nicht zufällig gibt das regierungsamtliche Lexikon Tansanias (Taasisi 1981) als Beispiel für die Verwendung des Begriffes Herrschaft an: »Wakoloni walitawala Afrika« (dt. Die Kolonialisten haben Afrika beherrscht).

■ Privatsphäre und Öffentlichkeit

Es ist nun überzuleiten zu dem Suaheli-Konzept von *Menschen in der Gemeinschaft*. Wie dargelegt sieht sich nahezu jeder Tansanier seiner Abstammung, den Vorfahren, seiner Familie verpflichtet. Aus ihr kommt er, aus ihr lebt er, aus ihr bezieht er seinen kulturellen und persönlichen Rückhalt. Untersucht man das Verhältnis der Suahili in ihrer Gemeinschaft, so ist es also geboten, bei der *Familie* und nicht bei Einzelnen anzufangen. Auf jedem offiziellen Visumsantrag ist nach dem Familiennamen gefragt: »Jina la ukoo« (dt. Name der Abstammung) weist dem Antragsteller seinen sozialen und persönlichen Ort zu, der seine Linie bis in das Zamani nachverfolgt. Am häufigsten trifft man im tansanischen Alltag auf den Begriff der »Jamaa«, der erweiterten Familie. Das regierungsamtliche Lexikon gibt die Auskunft, dass »jamaa« die primäre Bedeutung von »watu wa ukoo mmoja; ndugu« (dt. Menschen einer Abstammung; Geschwisterschaft) trägt (Taasisi 1981). In zweiter Bedeutung umfasst »jamaa« auch Menschen, die ein gemeinsames Referenzsystem aufweisen, also einer sozialen Gruppe oder Gemeinschaft mit bestimmten Merkmalen zugehören. Dem gleichen Wortstamm ist auch der Begriff »jamii« zuzurechnen, der – substantivisch gebraucht –Ansammlung von Menschen bedeutet (sw. mkusanyiko wa watu). In präpositionaler Verwendung trägt »jamii«" den Sinn von »pamoja« (dt. an einem Ort eins seiend; zusammen), in Verbfunktion den Sinn von »ingilia mwanamke; tomba« (dt. in eine Frau eindringen; beischlafen). »Jamhuri«" wird lexikalisch erläutert mit »jamii ya watu wengi au nchi inayotawaliwa na mkuu anayechaguliwa na watu na ambaye si mfalme« (Taasisi 1981, S. 88), in angelehnter Übersetzung »Republik« – Tansania wird offiziell so benannt – und in wörtlicher Übersetzung »Ansammlung vieler Menschen oder ein Land, das von einem Obersten verwaltet wird, der von den Menschen gewählt ist und kein König ist.« Dass in dem »Jamhuri«-Begriff die besondere Familienvorstellung in national erweiterter Form mitschwingt, ist für Tansanier selbstverständlich, soll an dieser Stelle aber wegen der Konzentrik des Familienbegriffs hervorgehoben werden.

Familie im Verständnis der Suaheli-Kultur umfasst die Totenseelen und die noch Ungeborenen, sind es doch sie, die das Auslöschen der Erinnerung an die Familie verhindern werden. Der gegenwärtige Fokus der Familie ist also unmittelbar verbunden mit dem Nicht-mehr und Noch-nicht innerhalb der Familien-Jetztzeit. Kontakte und Kommunikation mit den »living dead« verlaufen in der Regel geknüpft an den patri- oder matrilokal ausgerichteten Haushalt. Um den Kreis der Familienhaushalte legt sich der Kreis der *Nachbarschaft*, der zwar ein minder verpflichtendes System von Kontakten erfordert, aber doch die Gemeinschaft des Zusammenlebens und gegenseitiger Hilfe angibt. Die zunehmende Auflösung überkommener Dorfstrukturen wird in den stürmisch wachsenden urbanen Zentren aufgefangen durch tribal oder großfamilial aggregierte Wohnzusammenhänge. Es ist im heutigen Tansania gelungen, über den politischen Entwurf des »Ujamaa« (dt. Familien-heit, Abstraktum zu »jamaa«) einen weiteren Kreis zu ziehen, der die tribalen Grenzen überwindet und eine familienähnliche Identifizierung auf nationaler Ebene schafft.

Auf das einzelne Mitglied der Familie gewendet heißt das, dass sich die einzelne *Person* als »communitarian self« (Gyekye 1992) aus der Familie definiert. Familie bietet in der Suahili-Kultur keinen privaten Raum, sondern Quasi-Öffentlichkeit. Gemeinsame Lebensbewältigung im Alltag lässt zwar persönlichen Ausdrucksmöglichkeiten einen relativen Radius, Intimität ist allerdings auf eng begrenzte Zeiten und Orte bezogen. Es gilt: Die Person kann ohne die Gemeinschaft nicht existieren, individuelle Entfaltungsmöglichkeiten werden sozial limitiert. Das beinhaltet Schutz der Person bei gleichzeitiger Unterordnung unter die Gemeinschaftsbelange. Die Gemeinschaft askribiert, der Statusgewinn der Person erfolgt nicht so sehr über persönliche Leistung und Performanz, sondern über die kulturell anerkannte Betonung feststehender Merkmale wie Alter, Titel und Position. Dieses Phänomen drückt sich direkt in der Form aus, wie sich die Beziehung zwischen den Menschen als Strukturmerkmal im Verbgebrauch des Suahili manifestiert. Nahezu alle Verben zeichnet die Valenz aus, dass sie mit einem Suffix der »associative form« verbunden werden können. Die »-na-Form« des Verbs gibt allen Bezügen die Bedeutung nicht nur der Reziprozität, sondern auch der Interaktionalität im Sinne von »füreinander«, »miteinander«, »zueinander« oder auch »gegeneinander«(Ashton 1989). Handelndes Sich-Verhalten, sogar das Denken wird im Bezug auf ein konkretes Gegenüber verstanden und ist somit nicht ein Akt des Individuums. »Tufikiriane« meint: »Lasst uns (darüber) wechselseitig nachdenken!« Ebenso – in abgeschwächter Weise – deutet das grammatische Bauelement der Präpositionalform des Verbs »-ia, -ea« auf den Sachverhalt der ethischen Verpflichtung »für jemanden«, »im Auftrag von«, »anstelle von« (Ashton 1989, S. 218). »Alinitendea« würde zu übersetzen sein mit: »Er hat für mich in meinem Sinne gehandelt.« Wechselseitigkeit und ethische Verpflichtung drücken sich solchermaßen im agglutinierenden Verbaufbau aus und werden nicht wie in den meisten europäischen Sprachen vom »Tätigkeitswort« isoliert. Die Menschen definieren sich in engster Form sprachlich und kulturell in Bezogenheiten von Alltagsrelevanz, aber auch biografischer Diachronizität: Die einzelne Person sieht sich in ihrer gesamten Lebensspanne begleitet von kollektiven Riten und Initiationen der Gemeinschaft, die gleichsam als primäre religiöse Sozialisationsinstanz der Person fungiert und sich in kulturell akzeptierten Symbolsystemen entfaltet. So ist zu beobachten, dass in den Schulen Tansanias Einzelne oder ganze Gruppen von Schülern fehlen sind, weil in ihrem Dorf zu bestimmten Zeiten die notwendigen Initiationsriten durchgeführt werden. Ethnisch diversitäre »rites de passage« finden so ihre Berücksichtigung auch in den sekundären Sozialisationsinstanzen. Ohne an dieser Stelle auf die das Leben des Einzelnen strukturierenden Passageriten einzugehen, soll die Reziprozität von Verhaltenserwartungen zwischen den einzelnen Menschen und ihren referentiellen sozialen Gruppen in einem Zitat zusammengefasst werden: »Der einzelne wird sich nur im Hinblick auf andere Menschen seiner Eigenart, seiner Pflichten, Vorrechte und Verantwortlichkeiten sich selbst und anderen gegenüber bewusst. Wenn er leidet, so leidet er nicht allein, sondern mit der Gruppe, mit seinen Artgenossen, Nachbarn und Verwandten, ob diese nun tot oder noch am Leben sind. Wenn er heiratet, so steht er nicht allein, und auch seine Frau ›gehört‹ nicht ihm allein. Im gleichen Sinne gehören seine Kinder der Gemeinschaft, mögen sie auch nur den Namen des Vaters tragen. Was immer dem einzelnen widerfährt, geht das die ganze Gruppe an, und was der ganzen Gruppe widerfährt, ist ebenso Sache des einzelnen« (Mbiti 1974, S. 136).

■ Personen in Zeit und Raum

Nach Auffassung Mbitis (1974, S. 18) können die schwarzafrikanische Religionsformen als Phänomene behandelt werden, zu deren »Verständnis der *Zeitbegriff* einen Schlüssel liefert«. Wenn angenommen wird, dass Religion ein ontologisches Phänomen ist, folgt daraus, »dass für die Afrikaner die gesamte Existenz ein religiöses Ereignis ist. Der Mensch ist ein religiöses Wesen in einem religiösen Weltall.« Ohne jetzt eine Diskussion über die eher westlich verankerte lineare Zeitdimension zu führen, soll kurz dargestellt werden, wie sich in der Suaheli-Kultur Zeiterfahrung für die Menschen niederschlägt. Es wird zu zeigen sein, dass sich einige Kernbegriffe von »Zeit« im Suaheli gleichzeitig als Lokalattribute verwenden lassen und auf den integrierten semantischen Gehalt der Spatiotemporalität in der Suaheli-Kultur verweisen.

Gehen wir vom Gebrauch der unterschiedlichen Zeitbegriffe im Suaheli aus, so lässt sich als Erstes feststellen, dass es keinen Begriff für Zeit an sich gibt, vielmehr der Begriff mit der größten semantischen Reichweite »wakati« (dt. Zeit) an Bedingungen geknüpft ist. Je nach Verwendungszusammenhang in der Alltagskommunikation beinhaltet »wakati« »season, period of time, point of time, sufficient time, opportunity« (Johnson 1978, S. 523), oft wird »wakati« als temporale Konjunktion gebraucht im Sinne von »während; zu dem Zeitpunkt, wenn«. Die Hauptbedeutung von »wakati« liegt jedoch in »langer Zeitraum, Periode« (Taasisi 1981, S. 316). Ähnlich deuten die Begriffe »muhula« und »muda« – beide sind arabischen Ursprungs – auf einen längeren Zeitraum oder auf einen näher definierten Zeitintervall.

Für die Beschreibung kürzerer Zeiträume sind dagegen die Begriffe »kipindi« – übertragen auf schulische Zusammenhänge »Unterrichtseinheit« von 30–60 Minuten – »saa« (dt. Stunde, kurze Zeiteinheit, Uhr; Johnson 1978, S. 404) und »nukta« vorgesehen. »Nukta« bezeichnet die Sekunde, gleichzeitig aber auch in lokaler Attribution den Fleck, Punkt und die Markierung. Dagegen hebt der »majira«-Begriff die quantitative Streckung von Zeit auf und verweist auf qualitative Zusammenhänge bäuerlichen Lebens oder klimatischer Umstände wie »majira ya mvua« (dt. Regenzeit; Johnson 1978, S. 255).

Am stärksten spatiotemporal bedeutungsgebunden werden die Begriffe »nafasi« und »kitambo« (dt. Zeitstrecke oder Wegstrecke in ungefährer Ausdehnung; Taasisi 1981, S. 126) alltagssprachlich verwendet. Es ist kaum möglich, die Vielzahl der kontextgebundenen Gebräuche von »nafasi« nachzuzeichnen, doch wird in Kommunikationssituationen »nafasi« als »Gelegenheit«, »Platz«, »Raum«, »Rahmen«, »Kapazität« zu verstehen sein. Für Europäer ist es oft schwierig, die Intentionalität der Sprecher zu erkennen, wenn es beispielsweise zwar Zeit gibt, aber vice versa keinen Platz. Bedeutsam wird der Gebrauch von »nafasi«, wenn eine Beziehungsdefinition in den Vordergrund rückt. So kann »Sina nafasi« (dt. Ich habe keine nafasi) heißen, dass zwar Zeit und Raum vorhanden sein mag, aber die personale Beziehung zwischen den Kommunizierenden als nicht stimmig eingeschätzt wird oder nicht gewünscht ist. Wenn ein Europäer versucht, den uhrzeitlich bestimmten Pünktlichkeitsbegriff auf Suaheli zu übertragen, so wird er durch lexikalische Angaben enttäuscht: Es gibt keine Übersetzung von »Pünktlichkeit«. Dieser Sekundärtugend entspricht kein Suaheli-Äquivalent. In diversen Übertragungsversuchen wird »Pünktlichkeit« mit »kutochelewa« (dt. nicht verspätet werden, nicht verpassen) wiedergegeben, also einem verneinten Verb in Passivbildung. Oder es werden Englisch und Suaheli gemischt und der Vorschlag gemacht, Pünktlichkeit mit »hali (tabia) ya kuwa *punctual;* ya kufika wakati hasa upasao« (Johnson 1978, S. 432). In wörtlicher Übersetzung würde es heißen: »die Situation (das Benehmen), ›punctual‹ zu sein«. Also ein Übersetzung, die keine Bedeutung für »Pünktlichkeit« aus Suaheli-Sicht ermöglicht, und »Ankommen zu einer Zeit (s. o.), die besonders geziemt/passend ist« – also eine Übertragung, die für »Pünktlichkeit« die soziale Vereinbarung in den Vordergrund rückt. Durch das Vordringen westlicher Zeitbegriffe in Bereiche institutioneller Zusammenarbeit oder auch im modernen Verkehrssektor bestehen zwei handlungsrelevante Zeitauffassungen nebeneinander: So ist es alltäglich zu beobachten, dass einige Verkehrsmittel erst dann abfahren, wenn sie voll besetzt sind, also mit zum Teil hoher »Verspätung«, andere dagegen sich an die angegebenen Fahrpläne halten.

Während die benannte Auswahl von Suaheli Zeitbegriffen eher die alltägliche Interaktionssituation der Menschen beschreiben und interpretativ strukturieren, geht es bei den zeit-räumlichen Dimensionen des »Sasa« und »Zamani« um Sphären, die das Handeln und die Einstellungen der Tansanier indirekt prägen. »Sasa« und »Zamani« stellen sich als aufeinanderfolgende, rückwärtsgerichtete Bereiche dar, in denen das Leben der Suaheli verläuft. »Sasa« meint »Jetztzeit«, »Zamani« dagegen jene Sphäre von »Vergangenheit«, die die Grenze zum »Sasa« überschreitend rückläufig ist, bis sie aus der Erinnerung der im »Sasa« lebenden Menschen »verschwimmt«. In der Sasa-Periode finden die lebensprägenden Ereignisse statt, die entweder gerade stattfinden, kürzlich vergangen sind oder unmittelbar bevorstehen. Eine nachvollziehbare Zeitdimension der »Zukunft« gibt es nicht, da in Zukunft liegende Ereignisse nicht stattgefunden haben. Eine Ausnahme bilden die durch Zyklen der Natur vorausbestimmten Ereignisse, wie Regenzeit, Geburt und Tod. Die Menschen der Suaheli-Kultur beschäftigen sich mit den Ereignissen, die gerade geschehen oder handlungsbeeinflussende Vergangenheit ausmachen, sie »haben nur geringes oder überhaupt kein Interesse an Ereignissen, die in einer Zukunft liegen, welche über das Höchstmaß von zwei Jahren hinausgeht (...)« (Mbiti 1974, S. 23). So gibt es auch kein sprachliches Äquivalent für »Zukunft«, um Ereignisse zu erfassen, die jenseits der verlängerten »Jetztzeit« liegen. Vielmehr ist es so, dass wenn Suaheli-Sprecher etwa von »Ewigkeit« reden, sie »kale na kale« oder »milele« gebrauchen. Das bedeutet etwa »früher und früher«, also eine kaum zu erinnernde Vergangenheit wird noch einmal nach »hinten« verlängert.

»Im afrikanischen Denken ›verschluckt‹ die Sasa-Periode folglich jenes Zeitelement, das in der westlichen, linearen Zeitvorstellung als Zukunft bezeichnet wird« (Mbiti 1974, S. 28). Die höchste Bedeutung für das Leben des Suaheli hat die »Jetztzeit«, da er sich in ihr seines Daseins vergewissert und sich an die in ihr erlebten Vorgänge erinnert – sie ist eine erfahrungsgebundene Ausdehnung des Moments. Menschen haben ihr »Sasa«, ihre kürzere oder längere Erinnerung der Lebenszeit; eine andere Ausdehnung der Sasaperiode haben Menschengemeinschaften. »Sasa« dehnt sich so weit wie sie von Menschen oder Gemeinschaften erlebt und von ihrer Teilnahme geprägt wird.

Dagegen weist die Zamani-Sphäre weit zurück, überlappt sich aber gleichzeitig mit der Sphärengrenze des Sasa, und insofern sind die beiden Dimensionen nicht voneinander zu trennen. Sobald das Sasa sich konkretisiert und verwirklicht hat, löst es sich in das Zamani auf. Im Zamani kommt alles zur Ruhe, gleichzeitig bildet das Zamani den Grund, von dem her das Leben im Sasa seine Bestimmung und Deutung erhält. Für messianische Hoffnung oder weltlichen Fortschrittsglauben ist von daher gesehen wenig Platz im überwiegenden Denken der Suaheli. Das Sasa bewegt sich vielmehr auf das Zamani hin, über die kommunikativ erinnerten Mythen aus der Zamani-Sphäre gibt die Gegenwart des Sasa den Menschen Geborgenheit und Sinndeutung. Die natürlichen Zyklen von Tagen, Monden und Regen- oder Trockenzeiten und die auf den Menschen hin orientierten Kreise von Geburt, Adoleszenz, Hochzeit, Zeugung und Tod bilden die Referenzbögen menschlicher Daseinsdeutung, die unendlich rücklaufen und die Sasaperiode mit dem Zamani rhythmisch verbinden.

Zahlreiche Namensgebungen bei den Suaheli deuten auf die genannten Referenzen hin: Kommt ein Kind während einer heftigen Regenzeit zur Welt, so kann es »masika« genannt werden, »Große Regenzeit«. In manchen Ethnien der Bantus werden Menschen erst als »vollwertig« anerkannt, wenn sie den Prozess der Menschwerdung über die Initiation, Heirat und Zeugung vollzogen haben. Nach dem körperlichen Tod leben die Menschen weiter, solange wie sich eine genealogische Erinnerung materialisiert: Über die Anrufung des Verstorbenen mit seinem Namen wird er als für die Lebenden wirksam erkannt. Es kann drei bis fünf Generationen währen, bis die gemeinschaftliche Invokation des Verstorbenen und die zugehörigen rituellen Praktiken sich verlieren. Erst dann entschwinden die Verstorbenen im Zamani. Doch bis zu diesem Zeitpunkt behalten die Verstorbenen ihren Charakter von persönlicher Unsterblichkeit. Mit ihnen wird gesprochen, gespeist, verhandelt: Die Personen im Status der persönlichen Unsterblichkeit erscheinen den Familienangehörigen und stehen ihnen mit Rat und Tat bei. Solche Verstorbenen der Sasa-Periode werden von Mbiti (1974) als »living-dead« oder »Totenseelen« oder »Lebend-Tote« bezeichnet. Wird dieses Suaheli-Konzept in Beziehung zu Beerdigungsfeiern gebracht, dann wird evident, wie wichtig der Ritus von Grablegung und Feier für die Hinterbliebenen ist. Es ist ein Symbol der Gemeinschaft mit allen, die sich dem living-dead verbunden fühlen und mit ihm seine persönliche Unsterblichkeit bestätigen. Daraus folgt im Blick auf das Konzept »Menschen in Zeit und Raum«, dass es für die Suaheli notwendig erscheint, sich zu verheiraten und Kinder zu zeugen, weil nur so die Erinnerung an sie bei den Lebenden wachgehalten, mithin ihr Status und ihr Weiterleben als Ahne gewährleistet ist. Es darf bezweifelt werden, ob die in westlichen Ländern verbreitete Vorstellung von der »Ahnenverehrung« in Form von Opfern und rituellen Handlungen den Kern des Suaheli-Konzepts trifft, geht es doch darum, dass die gemeinschaftliche persönliche Erinnerung der Lebenden an die Lebend-Toten das mystische Band kräftigt, das für das tägliche Überleben der Familie von vitaler Bedeutung ist. Mag aus christlicher Sicht ein solches Konzept als exotisch oder primitiv gesehen werden, so kann es dennoch nicht in den Zusammenhang von »Aberglauben« gerückt werden.

■ Praktische Hinweise für Führungskräfte

Im Wissen um die kulturellen Grundlagen, wie sie aus den dargelegten kulturellen Hintergründen und Exkursen hervorgehen, lassen sich auch effektive Arbeitszusammenhänge schaffen. Dazu sollen die folgenden Überlegungen dienen, die auf den Erfahrungen von langjährigen Experten in Ostafrika und ostafrikanischen Counterparts in der Entwicklungszusammenarbeit basieren. Diese Überlegungen sind freilich *nicht* dazu geeignet, als Verhaltensrezepte gebraucht zu werden, sondern als Ausdruck bewährter Erfahrungen von »bikulturellen« Personen. Jede erstmalig nach Ostafrika reisende Führungskraft muss bei sich selbst überprüfen, ob und in welchem Maße diese verhaltensrelevanten Aussagen für sie eine Bedeutung haben können, sollen sie nicht aufgesetzt erscheinen und damit wenig authentisch wirken.

1. Beide Seiten sind sich der Schwierigkeiten bewusst, die daraus resultieren, wenn jemand seine Arbeit in einem fremden kulturellen Bezugssystem aufnimmt. Es gilt, solcherlei Schwierigkeiten zu würdigen und nicht zu kritisieren.
2. Beide Seiten verzichten darauf, den jeweils anderen auf der Basis eigener Werte und Normen zu beurteilen.
3. Beide Seiten widerstehen der Versuchung, dass der andere aus bösem Willen handelt, wenn etwas schief läuft. Es sei denn, es kann nachgewiesen werden.
4. Deutsche Führungskräfte wissen, dass Menschen zwar ihre Handlungsweisen ändern können, aber kaum ihre Werteorientierungen. Verhaltensänderungen sind aber nur solange nachhaltiger Natur, wenn sie mit dem sozialen und kulturellen Umfeld der Ostafrikaner in Einklang zu bringen sind.
5. Deutsche Führungskräfte sind sich klar darüber, dass dieje-

nigen ostafrikanischen Mitarbeiter, die sich wirklich dem deutschen Arbeitsstil angepasst haben, sich später nur unter Schwierigkeiten in das ostafrikanischen Arbeitsfeld wieder integrieren lassen.
6. Beide Seiten sprechen in der Gegenwart des anderen Englisch.
7. Beide Seiten würdigen die Kultur des anderen auf gleiche Weise und auf gleicher Ebene.
8. Deutsche Führungskräfte vermeiden es, sich direkt konfrontativ zu verhalten. Die meisten Ostafrikaner haben große emotionale Probleme mit einem solchen Verhalten.
9. Beide Seiten versuchen, sich nicht so zu verhalten, wie die Angehörigen der anderen Kultur. »Going native« ist in der Regel inakzeptabel.
10. Deutsche Führungskräfte bemühen sich darum, zu Beginn ihres Aufenthalts in Ostafrika erst einmal abzuwarten und zu schauen, auch wenn ihre Aufenthaltsdauer zeitlich sehr begrenzt ist.
11. Beide Seiten, besonders aber die deutsche, vermeiden es im Fall von größeren Schwierigkeiten, dem Gegenüber einen Gesichtsverlust zuzufügen, indem er ihn/sie vor anderen zur Rede stellt oder kritisiert.
12. Deutsche Führungskräfte versuchen sich den herrschenden Gepflogenheiten eher anzupassen als Ostafrikaner, weil Deutsche in der Regel nur auf Zeit in der Gastkultur arbeiten und leben.
13. Bevor sich deutsche Führungskräfte über etwas beklagen, versetzen sie sich in die Position der Ostafrikaner und überlegen, was sie unter vergleichbaren Umständen selbst gehandelt hätten.
14. Deutsche Führungskräfte stecken ihre Erwartungen nicht so hoch. Denn wenn alles in Ostafrika gut laufen würde, wären sie wohl kaum in eine Leitungsfunktion berufen worden.
15. Deutsche Führungskräfte hüten sich davor, sich gelungene Projektaktivitäten auf die eigene Fahne zu schreiben. Das betrifft die Gefühlsebene genauso wie die Ebene impliziter Äußerungen.
16. Beide Parteien sind sich bewusst darüber, dass kulturelle Spannungen und Differenzen ausgehalten werden können.

Die Grundlage gegenseitiger Anerkennung von Besonderheiten der jeweils anderen Kultur macht den Weg frei zu interkultureller Handlungskompetenz.

Abschließend sollen noch einige kulturspezifische Merkmale aufgeführt werden, die aus wechselnder Perspektive Deutsche und Ostafrikaner aneinander in der Zusammenarbeit zu würdigen gelernt haben.

Die meisten Ostafrikaner schätzen bei Deutschen ihre Hingabe, harte Arbeit, Pünktlichkeit, Zuverlässigkeit, Willensstärke und die Bereitschaft, Informationen und ihre technische Erfahrung mit den Betroffenen zu teilen.

Die meisten Deutschen schätzen bei Ostafrikanern ihre Fähigkeit, das soziale Netzwerk optimal nutzen zu können und zwischenmenschliche Beziehungen auch in schwierigen Konstellationen aufrechtzuerhalten, ihre Sensibilität für das soziale Gewebe des Lebens, ihre Fähigkeiten zu improvisieren, intellektuelle Neugier und ihre Höflichkeit.

Deutsche Fach- und Führungskräfte, die nach Ostafrika gehen, können davon ausgehen, dass sie willkommen sind in einer Region Afrikas, in der es trotz der kolonialen Vergangenheit einen besonders guten Klang hat, von deutscher Herkunft zu sein.

■ Literaturhinweise

■ Verwendete Literatur

Ashton, E.O. (1989): Swahili Grammar. Burnt Mill, Essex 1944 (Nachdruck).

Boness, C. M. (2002): Kritische Ereignisse in Begegnungen zwischen Tanzaniern und Europäern. Eine Felduntersuchung im Rahmen des Sekundarschulsystems Tanzanias. Frankfurt a. M.

Farsi, S. S. (1987): Swahili Sayings from Zanzibar. Proverbs. 15. Aufl. Kenya Literature Bureau, Nairobi, 1. Aufl. 1958.

Gyekye, K. (1992): Person and Community in African Thought. In: Cottzee, P. H.; Roux, A. P. J. (Hg.): Philosophy from Africa. A text with readings. Johannesburg, S. 317–336.

Johnson, E. (1978): A Standard Swahili-English Dictionary. Nairobi.

Kubik, G. (1988): Sprichwörter. In: Hirschberg, W. (Hg.): Neues Wörterbuch der Völkerkunde. Berlin, S. 450.

Mayer, C.-H. (2001): Werteorientierungen an Sekundarschulen in Tanzania vor dem Hintergrund interkultureller und innerafrikanischer Wertediskussionen. Stuttgart.

Mbiti, J. S. (1974): Afrikanische Religion und Weltanschauung. Berlin.

Mock, E. (1979): Afrikanische Pädagogik. Wuppertal.

Schnurer, J. (1996): »Hör zu« sagt ein altes afrikanisches Sprichwort. Zeitschrift für internationale Bildungsforschung und Entwicklungspädagogik 19 (2): 8–14.

Taasisi ya Uchunguzi wa Kiswahili (1981): Kamusi ya Kiswahili Sanifu. Nairobi.

Teffo, L. J.; Roux, A. P. J. (1998): Metaphysical Thinking in Africa. In: Cottzee, P. H.; Roux, A. P. J. (Hg.): Philosophy from Africa. A text with readings. Johannesburg, S. 134–148.

Teunissen, E.; Waisfisz, B. (1993): Intercultural Cooperation between Germans and Tansanians. ITIM/GTZ. Frankfurt/Eschborn.

■ Weiterführende Literatur

Albert, R. D. (1995): The Intercultural Sensitizer/Culture Assimilator as a Cross-Cultural Training Method. In: Fowler; S. M.; Mumford, M. G. (Hg.): Intercultural Sourcebook: Cross Cultural Training Methods, Bd. 1. Yarmouth, Maine, S. 169–177.

Bennett, J. M. (1993): Towards Ethnorelativism: A Developmental Model of Intercultural Sensitivity. In: Paige, R. M. (Hg.): Orientation to the Intercultural Experience. Yarmouth, Maine, S. 21–71.

Bennett, J. M. (1995): Critical Incidents in an Intercultural Conflict-Resolution Exercise. In: Fowler, S. M.; Mumford, M. G. (Hg.): Intercultural Sourcebook: Cross Cultural Training Methods, Bd. 1. Yarmouth, Maine, S. 147–156.

Brislin, R. W.; Yoshida, T. (Hg.) (1994): Improving Intercultural Interactions. Modules for Cross-Cultural Training Programs, Bd. 3. Thousand Oaks, CA.

Brislin, R. W. (1995): The Culture-General Assimilator. In: Fowler, S. M.; Mumford, M. G. (Hg.): Intercultural Sourcebook: Cross Cultural Training Methods, Bd. 1. Yarmouth, Maine, S. 169–177.

Cushner, K.; Brislin, R. W. (1996): Intercultural Interactions. A practical guide, 2. Aufl. Cross-Cultural and Research Methodology Series, Vol. 9. Thousand Oaks, CA.

Landis, D.; Bhagat, R. S. (Hg.) (1996): Handbook of Intercultural Training, 2. Aufl. Thousand Oaks, CA, S. 185–198.

Lange, C. (1994): Interkulturelle Orientierung am Beispiel der Trainingsmethode »Cultural Assimilator«. Beiträge zur Interkulturellen Didaktik 3. Zentrum für Didaktische Studien e. V., Göttingen.

Thomas, A. (Hg.) (1996): Psychologie interkulturellen Handelns. Göttingen.

Triandis, H. C. (1995): Culture-Specific Assimilators. In: Fowler, S. M.; Mumford, M. G. (Hg.): Intercultural Sourcebook: Cross Cultural Training Methods, Bd. 1. Yarmouth, Maine, S. 179–186.

Triandis, H. C. (1996): Approaches to Cross-Cultural Orientation and the Role of Culture Assimilator Training. In: Paige, R. M. (Hg.): Cross-Cultural Orientation; New Conceptualizations and Applications. Boston, S. 193–222.

Wight, A. R. (1995): The Critical Incident as a Training Tool. In: Fowler, S. M.; Mumford, M. G. (Hg.): Intercultural Sourcebook: Cross Cultural Training Methods, Bd. 1. Yarmouth, Maine, S. 127–140.

Wenn Sie weiterlesen möchten ...

Handelungskompetenz im Ausland

Alexander Thomas / Eberhard Schenk
Beruflich in China
Trainingsprogramm für Manager, Fach- und Führungskräfte

Die Trainingsmaterialien dieses Buches sollen künftigen Geschäftsreisenden eine bessere Vorbereitung auf die Tätigkeit und Lebenssituation in China ermöglichen. Anhand vieler Beispielsituationen aus insgesamt neun Themenbereichen werden realistische Konflikte und problematische Erlebnisse geschildert, wie sie Deutschen in China bei wirtschaftlichen Kontakten typischerweise begegnen. Die Situationen wurden bei deutschen Managern, die in China tätig sind, gesammelt und in Zusammenarbeit mit deutschen und chinesischen Experten für das Trainingsprogramm aufbereitet.

Marlis Martin / Alexander Thomas
Beruflich in Indonesien
Trainingsprogramm für Manager, Fach- und Führungskräfte

Das wissenschaftlich fundierte Trainingsprogramm wendet sich an alle, die sich auf einen beruflichen Aufenthalt in Indonesien vorbereiten. Es ist für das Selbststudium konzipiert und zielt darauf ab, Verhalten und Verhaltensweisen aus der Perspektive von Mitgliedern der indonesischen Kultur interpretieren zu lernen, um sein Gegenüber besser verstehen und somit angemessener handeln zu können. Dazu werden die wesentlichen Kulturstandards Indonesiens anhand verschiedener Situationen aus dem beruflichen Alltag beispielhaft illustriert und nach einem einheitlichen Schema mit Hilfe verschiedener Aufgabenstellungen und Erklärungen didaktisch aufbereitet.
– Warum sollte man der Frau des indonesischen Geschäftspartners keine weißen Blumen mitbringen?
– Weshalb diskutieren Indonesier nicht gern?
– Wozu braucht man in Indonesien einen Mittelsmann?

Tatjana Yoosefi / Alexander Thomas
Beruflich in Russland
Trainingsprogramm für Manager, Fach- und Führungskräfte

Die Denkweisen und Gefühlslagen russischer Geschäftspartner und Mitarbeiter vor dem Hintergrund ihrer kulturellen Tradition und Identität zu verstehen, ist eine wesentliche Voraussetzung für erfolgreiche Geschäftsbeziehungen. Das Trainingsprogramm dient der individuellen Vorbereitung entsprechender Kontakte. Es soll helfen, sich in die Lage des russischen Mitarbeiters oder Geschäftspartners zu versetzen, um kulturell bedingten Problemsituationen besser begegnen zu können. Die im Training dargestellten typischen Situationen basieren auf Interviews mit in Russland arbeitenden Deutschen. Es werden zu den Beispielen Erklärungen und Lösungsempfehlungen gegeben sowie der kulturhistorische Zusammenhang beleuchtet.

Sylvia Schroll-Machl / Ivan Nový
Beruflich in Tschechien
Trainingsprogramm für Manager, Fach- und Führungskräfte

Tschechien ist der Nachbar, mit dem uns eine der längsten Grenzen verbindet und trennt – geografisch und historisch. Seit der Wende bestehen rege Wirtschaftskontakte, und die Deutschen sind die größten Investoren in der Tschechischen Republik. Zudem ist Tschechien ein EU-Beitrittskandidat. Gründe genug, uns näher mit den Tschechen und ihrer Art zu befassen. Anhand authentischer Situationen aus dem Geschäftsleben werden realistische Konflikte, problematische Situationen und Erfolgsstorys geschildert, wie sie Deutsche in Tschechien erlebt haben. Das wissenschaftlich fundierte Trainingsprogramm ist so konzipiert, daß es Geschäftsleuten eine individuelle Unterstützung in der Zusammenarbeit mit Tschechen bietet.

Sabine Foellbach / Katharina Rottenaicher / Alexander Thomas
Beruflich in Argentinien
Trainingsprogramm für Manager, Fach- und Führungskräfte

Als Immigrationsland vereint Argentinien Einflüsse aus Italien, Spanien und Deutschland mit denen des Kontinents zu einer eigenen Kultur. Die offen und herzlich wirkenden Argentinier sind auf den ersten Blick unkompliziert, und vieles erscheint einem so wie in Europa. Deutsche stellen jedoch bald fest, dass durchaus Unterschiede im Denken, Fühlen und Handeln bestehen, was schnell zu Missverständnissen führen kann.
– Was ist bei der Verhandlungsführung mit Argentiniern zu beachten?
– Warum kümmert sich ein Argentinier lieber um das Heute, als sich um das Morgen zu sorgen?

Sabine Foellbach und Katharina Rottenaicher haben auf empirischer Basis argentinische Kulturstandards herausgearbeitet, mit denen sich Deutsche vertraut machen sollten, wenn sie berufliche Kontakte nach Argentinien knüpfen.

Stefan Schmid / Alexander Thomas
Beruflich in Großbritannien
Trainingsprogramm für Manager, Fach- und Führungskräfte

In der Schule lernen wir über kein Land mehr, und dennoch tun sich Deutsche schwer, auf der Insel Tritt zu fassen. Anhand authentischer Situationen aus verschiedenen Arbeits- und Lebensbereichen werden realistische Konflikte und problematische Situationen geschildert, wie sie Deutschen in England bei geschäftlichen Kontakten typischerweise begegnen.
– Wieso wechseln Briten das Thema, wenn sich Deutsche erst so richtig dafür begeistern?
– Warum benehmen sich die sonst so gesitteten Briten an manchen Tagen nach unseren Maßstäben völlig daneben?

Stefan Schmid und Alexander Thomas geben mir ihrem systematischen Trainingsprogramm eine hilfreiche Anleitung zum gedeihlichen Umgang miteinander.

Claude-Hélène Mayer / Christian Boness /
Alexander Thomas
Beruflich in Südafrika
Trainingsprogramm für Manager, Fach- und
Führungskräfte

Das Trainingsprogramm vermittelt einen besseren Zugang zu kulturspezifischen Begegnungssituationen in Südafrika. Anhand ausgewählter Beispiele aus verschiedenen Lebens- und Arbeitsbereichen werden konflikthafte Begegnungen dargestellt, wie sie Deutsche in Südafrika typischerweise antreffen. Parallel dazu erhält der Leser Hintergrundinformationen zu kulturellen Konzepten unterschiedlicher Bevölkerungsgruppen mit der Schwerpunktsetzung auf kulturspezifische Kommunikationswege, Personalmanagement, Entscheidungsprozesse sowie religiöse und spirituelle Konzepte, die in Südafrika heute eine ausschlaggebende Rolle spielen.

Als Deutscher in Südafrika zu leben und zu arbeiten kann vielerlei Gründe haben. Sicher ist: Es wird in alltäglichen Situationen immer wieder zu mehr oder weniger folgenschweren Missverständnissen mit südafrikanischen Geschäftspartnern, Mitarbeitern und Kollegen kommen, die durch kulturelle Unterschiede bedingt sind. Dem kann mit Hilfe des Trainingsprogramms individuell vorgebeugt werden.

Handbuch Interkulturelle Kommunikation und Kooperation

Alexander Thomas /
Eva-Ulrike Kinast /
Sylvia Schroll-Machl (Hg.)
Band 1: Grundlagen und Praxisfelder
Ca. 400 Seiten, kartoniert
ISBN 3-525-46172-0

Die Fähigkeit zur interkulturellen Kommunikation und Kooperation mit Menschen aus unterschiedlichen Nationen wird immer bedeutsamer. „Interkulturelle Handlungskompetenz" ist bereits eine von vielen Arbeitgebern geforderte Schlüsselqualifikation.
Die Autoren erläutern praxisorientiert die zentralen Begriffe interkultureller Kommunikation und Kooperation und den aktuellen Stand der Forschung. Sie diskutieren Methoden der Diagnose, des Trainings und der Evaluation von interkultureller Handlungskompetenz und behandeln interkulturelle Praxisfelder in Unternehmen, z.B. interkulturelle Personalentwicklung, sowie zentrale Managementfelder – beispielsweise Verhandlungsführung, Konfliktmanagement, Projektmanagement - unter interkulturellen Gesichtspunkten.

Alexander Thomas /
Stefan Kammhuber /
Sylvia Schroll-Machl (Hg.)
Band 2: Länder, Kulturen und interkulturelle Berufstätigkeit
Ca. 340 Seiten, kartoniert
ISBN 3-525-46166-6

Ergänzend, aufbauend und weiterführend zum Band 1 widmet sich dieses Buch konkreten Ländern und Kulturen und gibt einen Überblick über interkulturelle Problemstellungen und Anforderungen in den unterschiedlichsten Berufsfeldern, in denen Internationalität und interkulturelle Kompetenz gefragt und gefordert sind.
Die Autoren stellen kulturspezifische Informationen zu ausgewählten Weltregionen dar mit authentischen Fallbeispielen, länderspezifischen Kulturstandards und kulturhistorischen Hintergründen. Sie behandeln zentrale Aspekte des Managements, der Personalentwicklung, des Marketings wie auch der Migration, der Rechtspraxis, der Medizin und der Schule.

Band 1 und 2 zusammen
ISBN 3-525-46186-0

Deutsche als Geschäftspartner

Sylvia Schroll-Machl
Die Deutschen – Wir Deutsche
Fremdwahrnehmung und Selbstsicht im Berufsleben
2002. 216 Seiten mit 2 Abbildungen und 1 Tabelle, kartoniert
ISBN 3-525-46164-X

Das Buch wendet sich an jene, die mit Deutschen von ihrem Heimatland aus zu tun haben, oder als Expatriate für einige Zeit in Deutschland leben, zum anderen an die Deutschen, die mit Partnern aus aller Welt in Geschäftskontakt stehen. Für die erste Gruppe ist es wichtig, Informationen über Deutsche zu erhalten, um sich auf uns einstellen zu können. Für Deutsche selbst ist es hilfreich zu erfahren, wie unsere nicht-deutschen Partner uns erleben, um uns selbst im Spiegel der anderen zu sehen.
Sylvia Schroll-Machl berichtet auf dem Hintergrund langjähriger Praxis als interkulturelle Trainerin und Wissenschaftlerin über viele typische Erfahrungen mit uns Deutschen und typische Eindrücke von uns. Es geht ihr aber auch darum, diese Erlebnisse und Erfahrungen aus deutscher Sicht zu beleuchten, damit die nicht-deutschen Partner entdecken, wie wir eigentlich das meinen, was wir sagen und tun.

Sylvia Schroll-Machl
Doing Business with Germans
Their Perception, Our Perception
2003. 216 pages with 3 pictures and 1 table
ISBN 3-525-46167-4

This book concerns itself with the two sides of German business partnerships in an intercultural setting: on the one hand it deals with people working from their home country with Germans, as well as with expatriates who are living in Germany, and on the other hand it portrays Germans who have business relationships with people from all over the world, be it per business meeting or via telecommunication.
Based on her academic training and many years of experience, Sylvia Schroll-Machl describes many typical experiences that foreigners have with Germans and offers typical impressions of their behavior. It is her intention to show these experiences from a German point of view, so that non-Germans can discover what Germans actually mean when they say and do particular things.

Vandenhoeck & Ruprecht